역경에 약한 사람,
역경에 강한 사람

KB138328

역경에 약한 사람,
역경에 강한 사람,

가토 다이조

이정환 옮김

🌱 나무생각

머리
말

역경에 강한 사람과 역경에 약한 사람은 자신의 체험을 생각하는 '시간적 틀'이 다르다. 역경에 강한 사람은 긴 인생에서 현재의 체험을 해석하기 때문에 "고난을 복으로 만든다."는 해석을 기본적인 마음가짐으로 갖추고 있다. 그러나 역경에 약한 사람은 역경이 닥친 그 시점만을 기준으로 삼아 해석하기 때문에 역경을 '나쁘다'고만 받아들인다. 그래서 늘 "누가 나 좀 도와줘!"라고 비명을 지르며, 마음속으로 "큰일 났네. 어떻게 하지?" 하고 초조해한다. 역경에 약한 사람이 표면에 드러난 현상에만 마음을 빼앗기고 감정적으로 흐르는 데 반하여, 역경에 강한 사람은 체험의 본질을 포착하고 자신이 할 수 있는 일이 무엇인지 생각한다.

역경에 강한 사람은 어떤 역경에 부딪히더라도 전혀 기죽지 않고 강한 모습을 유지하는 사람이다. 예를 들어 어떤 고민거리가 있다고 하자. 역경에 강한 사람은 "이 고민은 나에게 중요한 의미가 있어."라고 생각하고 고민에 당당하게 맞선다. 지금은 고민거리지만 이것은 언젠가 인생에 큰 도움이 될 것이다. 지금 고민하고 있는 문제는 나의 인생에 없어서는 안 되는 중요한 경험이다. 언젠가 "그때 그런 고민을 경험하기 잘했어."라고 생각하는 날이 반드시 올 것이다.

역경에 강한 사람은 현재의 고난이나 고민을 긴 인생에서의 한 단락으로 여긴다. 고난을 복으로 만들려면 현상에만 정신을 빼앗겨서는 안 된다. 본질을 포착해야 한다. 인간의 회복력이나 불굴의 의지에 관하여 연구하는 지나 오코넬 히긴스Gina O'Connell Higgins는 이것을 '프로액티브proactive' 경향이라고 말한다.[1] 프로액티브란 아무리 작은 것이라 해도 현재 자신이 할 수 있는 일을 하는 것이다. 발생한 문제에 적절하게 대응하며 스스로 행동하고 움직이는 것이다. 현재의 감정적 만족이 아니라 이후의 문제 해결을 생각하기 때문에 현재의 감정에 휘둘리지 않는다. '그것을 하면 이후에 어떻게 되는가?'를 생각하는 것이다.

프로액티브 경향과 자신의 체험을 포착하는 시간적 틀은 높은 상관성이 있다. 역경에 약한 사람은 감정에 휘둘린다. '그것을 하면 이후에 어떻게 되는가?'를 생각하지 않고 단순히 '그것'을 한다. 각오를 하지 않고 '그것'을 할 뿐이다. 그리고 일이 발생했을 때에는 도움을 청하여 소란을 피우거나 자신의 껍질 안에 틀어박힌다. 그러나 역경에 강한 사람은 자신의 껍질 안에 숨지 않는다. 역경에 강한 사람과 역경에 약한 사람의 차이는 발생한 문제에 있는 것이 아니다.

살아간다는 것은 역경을 헤쳐 나간다는 것이다. 우울증 연구로 큰 업적을 남긴 미국의 정신과 의사 아론 벡Aaron T. Beck은 그의 저서[2]에서 우울증 환자와 우울증이 없는 사람은, 체험은 비슷하지만 그 해석이 다르다고 설명했다. 역경에 강한 사람과 역경에 약한 사람도 마찬가지다. 역경에 강한 사람은 역경이 아무리 심각한 것이라고 해도 그 본질을 파헤치려 한다. 그리고 거기에서 적극적으로 의미를 발견하려 한다.[3] 그렇기 때문에 이들은 무슨 일이 발생하면 "그럴 수도 있지."라고 말하고 여유를 가질 수 있다. 반대로 역경에 약한 사람은 현상에 얽매이기 때문에 역경을 현미경으로 들여다보듯 확대해서 해석하고 "나는 앞으로 어떻게 해야 할까?" 하고 무기력 상태에 빠진다.

우리는 자칫 현상에 얽매여 역경의 본질을 오판할 수 있다. 냉정하게 대처하면 충분히 해결해낼 수 있는 경우에도 포기해버린다. 역경에 부딪히면 강한 충격을 받아 "내 인생은 왜 이렇게 힘이 들까. 이제 나는 가망이 없어."라고 해석한다. 이런 사람은 애당초 역경을 해석하는 시간적 틀이 잘못되어 있는 것이다.

이 밖에도 역경에 강한 사람과 역경에 약한 사람에게는 사고방식의 차이가 있다. 이 책에서는 그 다양한 차이를 찬찬히 살펴볼 생각이다.

현재 역경에 약한 사람도 역경에 강한 사람이 될 수 있다. 그들의 사고방식을 바꾸면 된다. 지나 히긴스에 의하면, 역경으로부터의 회복력은 선천적으로만 주어지는 것이 아니라고 한다. 그는 회복력이 있는 사람에 관하여 다음과 같이 정의하고 있다.

"성장하기 위하여 중요한 도전 과제를 뛰어넘을 수 있는 사람이다."

사람은 평생 지속적으로 성장한다. 즉, 자신이 성장함에 따라 직면하게 되는, 중요한 성장을 이룰 수 있는 과업을 완수한다. 그렇게 하기 위해서는 항상 역경에 당당하게 맞서야 한다.[4] '당당하게 맞서서 물고 늘어진다'는 의미를 영어로는 '스냅 벅snap buck'이라고 표현한다. 역경이 닥쳐왔을 때 오히려 내 쪽에서 그 역경에 달려들어 물고 늘어진다는 것이다. 인생은 역경의 연속, 사건의 연속이다. 그것은 자연스러운 현상이다. 그렇기 때문에 어떤 환경에서 태어났고 어떤 환경에서 생활한다고 해도 역경에 강한 사람이 되지 않고서는 끝까지 살아남을 수 없다.

차 례

1장

역경에 강한 사람의 관점

———

관점을 바꿔야 역경에 강해질 수 있다

_____ 실패는 전진하기 위한
_____ 하나의 단계다

인생은 실패의 연속이다. 그러나 사람은 자칫 자신의 인생만 실패의 연속이라고 생각하기 쉽다. 외부에서 보면 엘리트 코스를 밟으며 순조롭게 살아온 것처럼 보이지만 그것은 어디까지나 겉모습에 지나지 않는다. 본인 입장에서 보면 실패의 연속인 경우가 대부분이다.

그러나 견해에 따라서는 실패를 앞으로 전진하기 위한 하나의 단계로 포착할 수도 있다.

"어떤 상황에 처했을 때 그 상황에 대해 올바르게 생각하려는 의지가 있다면 실패나 박해와 같은 상황도 단순한 하나의 우발적 사건에 지나지 않는다."[5]

그렇기 때문에 역경에 부딪혔을 때 심리적으로 탈피하는 사람도 있고 역경에서 벗어나지 못하는 사람도 있는 것이다.

미국의 심리학자 데이비드 시버리David Seabury는 "경험은 수많은 가능성을 숨기고 있기 때문에 대처 방법에 따라 다양한 결과가 나올 수 있다."[6]라고 했다. 실패도 수많은 가능성을 숨기고 있지만 그 가능성을 찾지 못해서 거기에서 빠져나오지 못하는 사람이 있다. 이런 사람이 바로 역경에 약한 사람이다.

뉴욕에서 활약하며 수많은 정신의학적 명저를 낸 임상심리학자 조지 웨인버그George Weinberg는 신경증적인 사람은 다음의 세가지를 할 수 없다고 말한다.

1. 목적을 바꾼다.
2. 새로운 견해를 가진다.
3. 방해를 이겨내려는 노력을 강화한다.

우선, '목적을 바꾼다'는 점에 대해 생각해보자. 웨인버그는 《자기 창조의 원칙Self Creation》[7]에서 어떤 사고 때문에 휠체어를 타고 생활하게 된 젊은 장대높이뛰기 선수에 관하여 이런 글을 썼다.

청년이 간병인에게 물었다.
"당신은 나에게 미래가 있다고 생각하십니까?"
그러자 간병인이 대답했다.
"장대높이뛰기 선수로서의 미래라면 'No!'입니다만 인간으로서는 'Yes!'입니다."

그러고 나서 웨인버그는 나중에 자신의 환자였던 라일이라는 사람에 대해서도 소개했다. 라일은 천성적으로 재능을 갖춘 운동선수였지만 트램펄린 사고로 휠체어 신세를 지게 되었다.

어느 날 갑자기 체육관에서 인생이 바뀌어버렸다. 올림픽 참가는 더 이상 바랄 수도 없었다. 이 실패로 남은 인생을 아무것도 하지 못하고 보내야 한다면 그의 운명은 당연히 우울해질 수밖에 없다.

하지만 웨인버그는 라일이 새로운 희망을 스스로 발견할 수 있도록 도와주었다. 라일이 어떤 선택을 하건, 그것이 아무리 사소한 것이라고 해도 그 선택이 자기 능력에 대한 신뢰를 강화하고 자신의 인생이 아직 가능성이 있다는 신념을 강화해줄 것이라고 웨인버그는 말한다.

여기에서 중요한 것은 '그것이 아무리 사소한 것이라고 해도'라는 부분이다. 사람은 큰일 때문에 행복을 잃는 것이 아니라 작은 일 때문에 행복을 잃는다. 라일의 부모님은 라일이 학교에서 수학을 좋아했다고 말했다. 그런데 사고 이후에 라일은 수학은 물론이고 다른 것에도 전혀 흥미를 갖지 않게 되었다.

어느 날 웨인버그는 수학의 확률과 관련된 어떤 문제를 라일에게 물었다. 하지만 라일은 전혀 관심을 보이지 않고 무언가 혼잣말만 되풀이했다. 그러더니 잠시 후 마치 자신의 왼쪽 신발을 보고 이야기하듯 고개를 숙인 채 질문에 대하여 가볍게 대답을 했다. 이후, 자문자답이 되풀이되면서 그의 의견이 더해졌고 이해할 수 있는 말로 짜임새를 갖추게 되었다. 가슴을 향하고 있던 라일의 턱은 드디어 들어 올려지고 두 눈도 그를 알게 된 이후 처음으로 웨인버그를 바라보았다. 그의 목소리에는 힘이 들어가 있었고 두 눈은 날카롭게 빛나고 있었다. 그는 무엇인가에 열중해 있는 모습이었다.

이틀 후, 그의 어머니가 기분 좋은 목소리로 전화를 걸어와 라일이 지난 8개월과는 달리 "처음으로 적극적인 행동을 했다."고 말했다. 그가 책을 집어든 것이다. 대학에서 가르치는 낡은 통계학 교과서였다. 그는 그 책을 읽으며 연필과 종이를 요구하더니 무엇인가 계산을 하기 시작했다.

웨인버그는 혼잣말로 "라일, 자네는 이제 됐어."라고 중얼거렸다. 운동선수로서의 미래는 잃었지만 새로운 미래가 시작된 것이다. 사람은 이렇게 역경을 뛰어넘어 인간으로서 성장해간다.

_____ 좁은 세계에 갇힌 사람은

_____ 회복하기 어렵다

고민만 하는 사람은 다양한 관점으로 일상을 인식하기 어렵다. 단면적인 관점을 가지고 있기 때문에 이들은 실패를 했을 때 회복하는 것이 매우 어렵다. 가령 축구 선수가 축구에서 실패를 맛보았다고 하자. 축구만이 인생의 전부는 아니라는 사실을 깨달으면 새로운 인생이 펼쳐진다.

새로운 인생이 시작되기 전에는 당연히 눈물이 있다. 마음에 눈물이 고인다. 그렇기 때문에 내일은 반드시 좋은 날이 된다. 사람은 눈물을 흘린 후에 되살아나기 마련이다. 역경에 강한 사람은 이렇게 생각한다.

축구를 할 수 없다는 사실에 어디까지 휘둘리면서 살 것인가? 그 점이 바로 문제다. 계속 축구에만 매달려 있는 사람은 과거에 얽매여 미래를 잃게 된다.

'삶에는 다양한 방식이 있다.'라고 생각하는 사람은 역경으로부터 벗어날 수 있다. '무엇인가 행동을 해야 한다.'라고 생각하는 사람은 역경을 이겨낼 수 있다. 그러나 단면적인 관점으로 사물과 세상을 포착하면 좁고 치우친 세계에 '갇혀버린다'.

다른 사람보다 우월해야 한다는 신경증적 야심을 가지고 있다면 목적을 쉽게 바꿀 수 없다. 그러나 자신의 마음속에서 발생한 목적을 가진 경우에는 목적을 바꿀 수 있다.

마음속에서 순수하게 발생한 목적을 향하여 달려온 사람은 역경에서 벗어날 수 있고, 그 과정에서 역경에 강한 사람이 될 수 있다. 실패나 좌절은 그를 단련하는 작용을 한다.

그러나 신경증적 야심에서 발생한 목적을 향하여 달리다가 실패를 하면 역경에 약한 사람이 된다. 실패로 인해 열등감이 심각해지기 때문이다.

"나를 강하게 만든 것은 인생에서의 승리가 아니라 패배다."[8]

데이비드 시버리의 말이다. 평소에 꾸준히 노력할 생각은 하지 않고 어떻게 해야 편안하게 생활할 수 있는지만 생각하는 사람이 있다. 이런 사람이 역경에 빠졌을 때, 그것을 이겨내지 못하고 역경에 약한 사람이 되어버린다.

_____ 실패는 자신을 돌아볼 수 있는
_____ 기회다

집착이 강한 사람들은 우울증에 걸리기 쉽다. 그들은 직장뿐 아니라 어디에서건 '실패해서는 안 된다'는 규범의식이 강하다고 한다. 하지만 내 입장에서 볼 때 그것은 규범의식이 강하다기보다 오히려 '변화에 대응하지 못하는' 것이다. '변화에 대응하지 못하는' 것이 '규범의식이 강하다'는 형태로 나타나는 것에 지나지 않는다.

대부분의 경우, 집착이 강한 사람은 변화를 두려워한다. 그들은 무엇인가를 바꿀 에너지도, 무엇인가로 바뀔 에너지도 없다. 그들은 실패를 해도 목적을 바꾸지 않는다. 실행해보고 자신에게 맞지 않을 경우에는 다른 목적으로 바꾸는 유연성이 없다. 아니, '목적을 바꾼다'는 생각 자체를 하지 못한다. 변화에 대응하지 못하는 것이다. 유연성도 없고 바꿀 에너지도 없다. 이렇듯 집착이 강한 사람이야말로 역경에 약한 사람이다.

이와 반대로 역경에 강한 사람은 상황이 바뀌었을 때, 그에 어울리는 것으로 자신의 목적을 바꿀 줄 안다.

아무리 노력을 해도 인생이 호전되지 않는 사람은 자신이 어디에서 길을 잘못 든 것인지 생각해봐야 한다. 그리고 출발점으로 다시 되돌아가야 한다. 실패가 초래하는 초조함과 무기력함은 '이대로 이 길을 가서는 안 된다'는 메시지이기 때문이다.

그러나 일부 사람들은 실패가 심각할수록 한 방에 역전을 해서 큰 성공을 거두어야 한다고 생각한다. 그 결과, 다시 실패를 맛보고 자신에 대한 절망감을 느낀다. 초조함과 무기력함도 더욱 심각해진다.

"실패는 우리 행동이 현명하지 않다는 사실을 경고하는 적신호다. 우리에게 자기 자신과 맞서 효과가 없는 원인을 발견하라고 말해주고 있는 것이다."[9]

'이 길이 잘못되었다'는 사실을 알았을 때, 자신에게 정말로 잘 어울리는 진로가 보이는 경우가 많다. 거기서부터 출발해야 한다. 실패가 없으면 성공으로 향하는 길도 알 수 없다. 실패를 경험하고 그 길이 잘못되었다는 사실을 깨닫는 것이 '어떻게 살아야 할 것인가'에 대한 해답이다.

_____ 집착하는 사람은
_____ 행복해질 수 없다

실패를 하면 자신이 쓸모없는 인간으로 전락했다고 생각하는 경우가 있다. 그 실패 때문에 자신의 가치가 떨어졌다고 착각하기 때문이다. 그래서 실패를 두려워한다. 이런 사람들은 살아가는 목적이 '다른 사람에게 인정받는 것'이다.

집착하는 사람은 처음의 목적에 집착한다. 처음의 목적이 이루어지지 않았을 때 의식적으로는 잊어버렸다고 생각하지만 무의식에서는 여전히 그 목적에 집착하고 있는 것이다.

예를 들어 가장 원했던 회사에 입사하지 못하고 두 번째로 지망한 회사에 들어갔다고 하자. 의식적으로는 '그래, 이것으로 됐어.'라고 생각하고, 처음의 목적이 이루어지지는 않았지만 일단 현재의 생활을 시작한다. 따라서 의식적으로는 아무런 문제도 없는 것처럼 보인다. 그러나 무의식 세계에서는 아직도 처음에 원했던 회사에 얽매여 있다. 이것이 집착하는 사람의 모습이다.

만약 지금 정말로 행복하다면 처음의 목적에 얽매여 있을 이유가 없다. 그러나 행복하지 않은데 "나는 행복해."라고 강제로 스스로를 이해시키려 하기 때문에 처음의 목적에서 벗어날 수 없는 것이다.

불행을 수용한다는 것은 두 번째로 지망한 회사에 입사하더라도 행복해질 수 있다는 것이다. 의식 세계이든 무의식 세계이든 행복해질 수 있다는 것이다.

_____ 실패는 새로운 견해를 가질 수 있는
_____ 기회다

다음으로 조지 웨인버그가 말한 '사물에 관한 새로운 견해'에 대하여 생각해보자. 사물에 관하여 새로운 견해를 가지지 못하는 이유는 증오가 존재하기 때문이다. 주변 세상에 대한 증오가 있기 때문에 세상에 보복을 하고 싶고, 그 사람에게 복수하고 싶은 것이다.

증오가 있는 사람의 입장에서 볼 때 사물에 관한 새로운 견해를 가진다는 것은 복수를 포기한다는 의미이기 때문에 새로운 견해를 가질 수 없다.

"마음이 좁으면 역경에 굴복해버린다."[10]

젊은 시절 학교 성적을 올리지 못했다거나 불합격을 했다거나 사업에서 위기를 경험하는 등의 실패를 맛보면 일단 '좋은 경험이었어.'라고 생각해야 한다. 일찍 실패를 맛본 덕분에 앞으로 남은 인생에서는 실패를 피할 수 있으니까. 이번에 큰 실패를 경험했기 때문에 그 후의 인생에서 두 번 다시 그런 실패는 하지 않는다.

실패했을 때가 오히려 새로운 견해를 가질 수 있는 소중한 기회다. 만약 그대로 갔다면 마지막에 자멸하게 되었을 수도 있다. 역경에 강한 사람은 긴 인생이라는 시간적 틀 안에서 현재의 체험을 포착하기 때문에 실패를 기회로 받아들인다.

_____ 현실에서의 자신의 가치를
_____ 무시하지 않는다

다음으로 '방해를 이겨내려는 노력을 강화하지 못하는 사람'
에 대해 생각해보자. 신경증적 경향이 강한 사람은 실패를 하면
그것을 이겨내려는 노력을 강화하지 못한다. 그들은 자신이 어
디에 서 있는지 모른다. 자신이 누구인지도 모른다. 그래서 늘
'현실에서의 자신의 가치'를 무시하며 행동한다.

지금까지 무시하고 있던 '현실에서의 자신의 가치'를 가르쳐
주는 것이 바로 인생에서의 실패다. 실패를 했을 때 그 방해를
이겨내려는 노력을 하지 못하는 사람은 대부분 욕심만 많고 노
력은 하지 않는 완벽주의자다. 나아가 미래를 보지 못하기 때문
에 준비가 없다.

이런 사람들은 우선 준비가 중요하다는 사실을 이해해야 한
다. 준비를 하지 않고 시작하는 이유는, 자신이 그 일을 하기에
어울리는지 생각하지 않기 때문이다. 그 일을 하는 데에 '내가
어울릴까?' 하는 점을 생각할 수 있는 사람은 '사회적 감정'이
갖추어져 있는 사람이다. 이들은 사회에서의 자신의 위치를 이
해하고, 타인과 자신의 관계를 이해한다. 그렇기 때문에 노력에
대한 보상을 받는다.

자신의 체력을 생각할 때 오를 수 있는 산은 평범한 산 정도인데 히말라야에 오르겠다고 나서는 사람은 노력을 보상받을 수 없다. 자신의 위치를 모르기 때문에 노력에 대한 보상이 따르지 않는 것이다.

심리적으로 건강한 사람은 '현실에서의 자신의 가치'로부터 출발한다. 그렇기 때문에 '내가 이것을 할 수 있을까?' 하는 것부터 생각한다. '할 수 있다'는 판단이 내려지면 시작한다. 하지만 자신에게 벅차다는 생각이 들면 시작하지 않는다. 자신에게 가능한 일인지, 불가능한 일인지 판단이 내려지지 않을 때에는 리스크를 염두에 두고 시작한다.

그러나 심리적으로 건강하지 못한 사람은 '내가 이것을 할 수 있을까?' 하는 생각은 애초에 하지 않는다. 하고 싶다는 생각이 들면 일단 시작한다. 마음의 상처를 치유하기 위해 그 일을 해야 할 필요가 있기 때문이다. 그 때문에 "자기가 할 수 있는 것을 하지 않고 할 수 없는 것을 하려고 한다."는 말을 듣는 것이다. 이들은 현실에서의 자신의 가치를 무시한다. 그리고 역경에 약하다.

그래서 역경에 부딪혔을 때 '방해를 이겨내려는' 에너지가 남아 있지 않다. 마음의 갈등 때문에 에너지를 모두 소모해버렸기 때문이다.

_____ 방해를 이겨내기 위한

_____ 에너지를 기른다

"당신은 자신이 어디에 서 있는지 모른다. 자신이 누구인지 모른다."

신경증적 경향이 강한 사람은 이런 말을 들어도 어떤 의미인지 이해하지 못한다. 이 말을 이해할 수 있다면 그 사람은 더 이상 신경증적인 사람이 아니다.

자신의 능력 안에서 즐길 수 있는 사람이 역경에 강한 사람이다. 예를 들면 이렇다.

'그 사람이 집을 샀다. 나는 집은 없지만 이렇게 즐거운 일을 할 수 있다.'

'그 사람은 출세했지만 내게는 이렇게 즐거운 취미가 있다.'

'그 사람은 돈이 많지만 나는 이렇게 건강하다.'

이렇게 생각하는 사람이 역경에 강한 사람이다.

반대로 타인의 척도로 자신을 측정하는 사람은 역경에 약한 사람이다. 역경에 약한 사람은 자신감이 없는 사람이다. 예를 들면 이렇다.

'그 사람은 집을 샀다. 나는 이렇게 열심히 노력하고 있는데 내 집이 없다.'

'그 사람은 출세했지만 나는 여전히 가난뱅이다.'

'그 사람은 돈이 많지만 나는 이렇게 열심히 일을 해도 돈을 모을 수 없다.'

이렇게 생각하는 사람이 역경에 약한 사람이다.

'방해를 이겨내려는 노력을 강화하는 사람'은 어떤 사람일까? 그는 실패를 어떻게 생각할까?

좋아하는 뜀틀을 넘지 못한 소년은 어떻게 해야 뜀틀을 넘을 수 있을지 생각한다. 뜀틀을 넘지 못한 것을 실패라고 생각하지 않는다. 어떤 일을 이루지 못한 것을 실패라고 생각하는 것은 그 사람이 좋아하는 일을 하지 않았기 때문이다. 실패 그 자체가 문제가 아니라 실패를 해석하는 방식이 문제다.

역경에 강한 사람은 과정을 중시한다. 결과 지향 중심이 아니다. 반대로 역경에 약한 사람은 결과 지향적이다.

"가장 큰 목표, 궁극적인 의도, 목적 달성을 총체적으로 바라보는 태도가 실의에 빠진 사람을 실패에서 해방시킨다."[11]

———— 좌절을 겪어도

———— 두려워하지 않는다

아들러 심리학으로 알려져 있는 오스트리아 출신의 알프레드 아들러Alfred Adler 평전에 다음과 같은 이야기가 실려 있다.

어떤 의사가 의학계에 실망을 느끼고 문학과 연극에 관심을 가지게 되었다. 그러나 그 쪽이 자신의 적성에 맞지 않는다는 것을 느끼고 좌절하여 의학계로 돌아왔다. 이에 아들러는 "장래의 직업을 확실하게 정해두어야 한다는 법은 없어. 자네는 좌절을 해도 즉시 재기할 수 있는 사람이야."라고 그를 칭찬하며 "자네에게는 용기가 있어. 자네는 틀림없이 자신의 길을 개척해나갈 거야."라고 격려해주었다. 그 뒤, "그가 먼 길을 돌아온 경험은 그의 소중한 재산으로 바뀌었다."라고 감상을 소개했다.[12]

데이비드 시버리는 이에 대해 다음과 같이 말했다.

"걱정스러운 일이 발생했을 때 그에 대응하는 방식은 크게 나누어 세 종류가 있다. 자신의 문제를 해결할 수 있는 길은 없을 것이라는 생각에 크게 동요하여 운명을 저주하는 타입, 단순히 기도만 하면서 신이 해답을 제시해줄 것이라고 신에게 의지하는 타입, 그리고 지침을 찾아 기꺼이 노력하는 타입이다. 실패를 맛보았을 때 그 안에 성공에 관한 정보가 숨겨져 있다고 믿는 사람은 마지막 타입에 해당하는 사람들이다."[13]

마지막 타입은 실패를 실패로 생각하지 않는다. 그들은 다양한 관점을 가지고 있다. 역경에 강한 사람인 것이다.

"나를 강하게 만든 것은 인생에서의 승리가 아니라 패배다."[14] 라고 시버리는 말했지만, 누구나 패배에 의해 강해지는 것은 아니다. 더 큰 좌절감을 느끼고 자신은 비극의 주인공이라고 말하는 사람도 있기 때문이다.

역경이야말로 나를 성장시키는 동기다

　　　　＿＿＿＿＿ 자만하지 말라고
　　　　＿＿＿＿＿ 실패를 받았다

　　역경에 강한 사람과 역경에 약한 사람은 사물을 생각하는 시간적 틀이 다르다고 설명했는데, 그 점에 대해 좀 더 깊이 생각해보자. 뉴욕대학교 재활연구소 로비 벽에 〈무명 병사의 말〉이라는 시 한 편이 걸려 있다. 150년 전 남북전쟁에 패한 남군 병사가 지은 것이라고 하는데, 이 시에 다음과 같은 구절이 있다.

　　"위대한 일을 할 수 있도록 건강을 추구했는데 보다 좋은 일을 하라고 질병을 받았다."

　　건강은 추구하는 것이 아니라 결과적으로 나타나는 것이다.

　　"행복해지기 위해 부를 추구했는데 현명해지라고 빈곤을 받았다."

　　부와 권력도 마찬가지로 추구하는 것이 아니라 결과적으로 나타나는 것이다. 우리에게 행복을 안겨주는 것은 부보다 오히려 가난이다.

　　"세상 사람들의 칭송을 받기 위해 성공을 추구했는데 자만하지 말라고 실패를 받았다."

　　'욕구의 5단계' 이론으로 유명한 에이브러햄 매슬로Abraham H.

Maslow가 말하듯 동기에는 '성장 동기'와 '결핍 동기'가 있다. 성장 동기는 자기실현에 대한 욕구다. 결핍 동기는 애정 욕구 등의 기본적 욕구를 충족시키려 하는 것이다.

성장 동기를 바탕으로 사는 사람은 리스크를 짊어지고 살았기 때문에 성공과 실패는 있지만 내용이 충실하고 절망이 없다. 무엇보다 후회가 없다. "내 인생에 후회는 없다."라는 말은 성장 동기를 바탕으로 사는 사람들에게 해당되는 말이다.

반대로 결핍 동기로 사는 사람은 외부에서 보면 화려해 보이지만 후회를 한다. "만약 하고 싶은 일을 한 가지라도 했다면 내 인생은 달라졌을 거야."라는 후회다.

빅터 프랭클Viktor E. Frankl은 "성공과 절망은 모순되지 않는다."라고 말했다. 성공을 하면 찬사를 얻을 수 있지만 그것이 반드시 사람을 행복하게 만들어주지는 않는다. 성공에 의해 행복해질 수 있는 사람은 자신에게 절망하지 않는 사람이다.

성공은 사회적으로는 훌륭한 것이지만 사회적으로 훌륭하다고 해서 사람이 행복해지는 것은 아니다. 재산도 성공도 손에 넣지 못했기 때문에 도리어 행복한 미래를 기대할 수 있다는 논리도 있다. 세상 사람들의 칭송을 얻기 위해 성공을 추구해서 성공을 거머쥐었다고 하자. 그 사람은 행복해질까?

_____ 자신의 미숙함을 인정해야

_____ 행복해질 수 있다

나는 지금 두 사람을 머릿속에 떠올리고 있다. 한 사람은 세계적인 대부호로 불리는 사람이다. 아버지는 거물 정치가였다. 그런 그가 증권거래법 위반으로 체포되었다.

나는 그가 아버지의 망령에 사로잡혀 살아왔다고 추측한다. 그에게 능력이 있어서 대부호가 되었던 것이 아니다. 아버지에게 순종하는 과정을 거쳐 사회적으로 명성을 얻었을 뿐이다.

그는 사소한 문제까지 지시를 받는다. 호텔 프런트를 어디에 설치해야 하는지까지 지시를 받는다고 하니 이해하기 어렵다. 신문에서는 "실권을 움켜쥐고 있다."고 말하고 있지만 사실은 자신이 존재하지 않는 것이 아닐까? 자기답게 살고 있는 것이 아니니까 진정한 자신이 존재한다고 보기는 어렵다.

그는 자립하지 못했다. 주변에 다양한 여성들이 있다고 하지만 그것은 불안하다는 증거다. 그에게는 박력이 없다. 존재감도 없다. 독일의 사회심리학자 에리히 프롬Erich Fromm이 말하는 질이 나쁜 근친상간적 욕구만이 있을 뿐이다.

그에게는 아버지만 존재했을 것이다. '진정한 자신'이 아닌 상태에서 사회적으로 성공을 하게 되면 주변 사람들이 힘들어진다. '진정한 자신'으로 살고 있지 않기 때문에 주변 사람들이 보이지 않는다. 따라서 명성을 얻더라도 주변에는 질이 나쁜 사람들만 바글거린다. 이런 사람은 배우자조차 두려워한다. '진정한 자신'이 존재하지 않기 때문이다.

또 한 사람은 작사·작곡가이며 커다란 붐을 일으켰던 음악가다. 그러나 그는 사기 사건을 일으켰다. 그가 만약 명성을 손에 넣지 않았다면 그런 지옥에 떨어지지 않았을 것이다. 명성을 손에 넣지 않았다면 현명한 그는 충분히 행복하게 살 수 있었을 것이다.

명성을 얻어 행복해진 사람은 명성을 얻어야 할 때에 얻은 것이다. 현재의 자신에게 어울리지 않을 정도의 명성이나 성공을 거머쥐는 경우에는 대부분 시간이 흘러 불행해진다.

성공을 추구했는데 실패했을 때는 '지금은' 실패하는 쪽이 오히려 나은 것이라고, 신이 가르침을 베푸는 것이라고 생각해야 한다. 즉, "지금은 실패가 내게 어울리는 거야."라고 받아들여야 한다. 만약 뜻하지 않게 성공했다면 미래에 큰 절망을 할 수도 있는 것이라고 받아들여야 한다.

자신은 아직 성공을 할 수 있을 만큼 성장하지 못한 것이라고 해석하는 자세를 갖추어야 비로소 매일을 행복하게 보낼 수 있다. 자신이 추구하는 성공은 지금의 자신에게는 어울리지 않는 것이라고 생각할 수 있는 사람이야말로 '실패는 성공의 어머니'라는 말을 실천할 수 있다.

연애도 마찬가지다. 사랑하는 사람에게 버림을 받는다는 것은 누구에게나 슬픈 일이다. 살아갈 의미마저 잃게 된다. 무슨 일을 해도 재미가 없다. 아니, 그 이전에 무슨 일을 할 수 있는 의욕 자체가 없다.

실연은 누구에게서나 살아갈 에너지를 빼앗아버린다. '살고 싶지 않다'는 느낌이 드는 것이다.

그러나 기나긴 인생을 생각해보면, 지금은 실연을 하는 쪽이 나은 것이라고 신이 가르쳐주는 것이다. 아직은 그 사람과 연애를 할 수 있을 정도까지 성장하지 못했다는 사실을 알려주는 것이다. 그 실연을 통해서 자신의 미숙함을 자각할 수 있어야 다음에는 더 멋진 연애를 할 수 있다. 정서적으로 좀 더 성숙한 자신이 될 수 있도록 노력해야 한다는 신의 메시지인 것이다. 따라서 지금은 아무리 고통스럽더라도 실연을 당하는 쪽이 낫다. 그 고통이 자신을 성장시키는 것임을 알아야 한다.

_____ 우연한 성공만큼

_____ 무서운 것은 없다

　인생에 대해 생산적인 자세를 갖추려면 '지금은 이게 나은 거야.'라는 사고방식이 필요하다. 그런 마음가짐을 갖춰야 한다.

　역경 때문에 행복을 잃고 세상을 탓하는 사람, 역경 때문에 불평불만을 늘어놓는 사람에게는 이런 사고방식이 없다. 희망을 잃고 절망만 하는 사람에게도 '지금은 이게 나은 거야.'라는 사고방식이 없다.

　사업에 실패를 하거나 실연을 당하면 당연히 괴롭다. 그러나 '지금은 이게 나은 거야.'라고 생각해야 한다. 직장을 잃는 등 일이 자신의 뜻대로 진행되지 않으면 당연히 고통스러울 것이다. 그러나 그럴 때에도 '지금은 이게 나은 거야.'라고 생각할 줄 알아야 한다.

　이렇게 생각하고 노력을 기울이면 언젠가 행복은 찾아온다. "그래. 그때는 그게 나았던 거야."라고 말할 수 있는 날이 반드시 온다. "그때 고통스러운 나 자신을 필사적으로 일으켜 세우고 최선을 다해 노력했기 때문에 지금의 행복이 있는 거야."라고 할 수 있는 날이 온다.

　어떤 시기든 자신에게 어울리지 않는 것을 무리해서 얻으려고 하거나 욕심내면 안 된다. 그 순간이 아무리 기쁘고 만족스럽다 해도 분수에 맞지 않는다면 바로 수렁으로 빠지고 만다.

그야말로 "세상 사람들의 칭송을 얻기 위해 성공을 추구했는데, 자만하지 말라고 실패를 받았다."라는 생각을 할 수 있었기 때문에 행복해질 수 있는 것이다. 쓰디쓴 실패를 경험했기 때문에 마지막에는 값진 성공을 거둘 수 있는 것이다.

우연히 성공을 했다면 그 사람은 나중에 고통 속으로 떨어졌을지도 모른다. 성공을 해서 오만해진 사람만큼 기분 나쁜 사람은 없다. 성공을 해서 오만해지는 사람은 사람들을 불쾌하게 만든다. 그 주변에는 질 나쁜 사람들만이 모여든다. 질이 좋은 사람은 그런 사람에게 다가가지 않는다. 그 사람을 이용하려는 사람, 그 사람에게서 무엇인가 얻어내려는 사람들만 모여든다. 그들은 이용 가치가 없어지면 모두 떠나간다. 외톨이가 된 이후에 그 사실을 깨달아도 이미 때는 늦다.

우연한 성공을 좇지 말아야 한다. 자신의 실력에 어울리지 않는 성공만큼 무서운 것은 없다.

_____ 고뇌를 통해
_____ 행복의 가치를 배운다

"장수를 누리기 위해 건강을 추구했는데, 1분의 소중함을 알라고 질병을 받았다."

〈무명 병사의 말〉에 씌어 있는 이 문장도 현재를 살아가는 소중함을 가르쳐준다.

단순히 장수를 한다고 좋은 것이 아니다. 무의미하게 장수하는 것보다는 현재의 1분을 소중하게 여기고 살아가는 것이 본질적으로는 장수에 가까울 것이다.

빅터 프랭클은 "고뇌가 인간에게 제공하는 의미"[15]는 지고한 것이라고 말했다.

"추구했던 것은 단 하나도 손에 넣지 못했지만 나의 바람은 전달되었다. 나는 풍요로운 인생을 보낼 수 있었고 축복받은 인생을 보낼 수 있었다."

이 〈무명 병사의 말〉의 의미를 한마디로 정리한다면 '호모 파베르Homo faber에서 호모 파티엔스Homo patiens로 인간상을 바꾼다'는 것이다.

호모 파베르(작업하는 인간; 인간의 본질이 도구를 사용해서 물건을 만드는 데 있다고 보는 인간관)는 성공을 지향하는 사람, '성공과 실패'의 축으로만 사물을 생각하는 사람이다. 인생을 '성공과 실패'라는 기준으로만 살아가는 호모 파베르는 성공을 해도 스스로 절망하여 고통 속에서 살아가는 경우가 있다. 이들은 실패했을 때가 더 문제다. 즉시 무기력해지기 때문이다.

반면 호모 파티엔스(고뇌하는 인간)는 심각한 실패를 겪더라도 자신의 인생을 재건하고 충족시킬 수 있는 사람이며, '충족과 절망'이라는 축을 기준으로 살아가는 사람이다.[16] 호모 파티엔스의 입장에서 보면 질병의 고통을 견뎌내는 것은 인간으로서 최고의 가치다.

인간의 가치에는 창조 가치와 체험 가치 이외에 태도 가치가 있다고 빅터 프랭클은 말했다. 이것은 '숙명을 어떻게 견뎌내는가' 하는 문제다. 다시 말하면 운명에 어떤 태도로 맞설 수 있는가 하는 문제다.

또한 프랭클은 "태도 가치에서는 창조 가치와 체험 가치에 비해 고뇌가 노동이나 애정보다 차원적으로 상위에 놓여 있다는 데에서 매우 우수하다는 사실을 알 수 있다."[17]라고 말했다. 호모 파베르가 생각하는 '성공한 인생'과 호모 파티엔스가 생각하는 '가치 있는 인생'은 다르다. 고뇌의 의미와 가치를 알면 지옥도 천국으로 바뀐다.

_____ 충족되지 않았기 때문에
_____ 끊임없이 추구한다

"위대한 일을 할 수 있도록 건강을 '강박적'으로 추구"했다. "행복해지기 위해 부를 '강박적'으로 추구"했다. "세상 사람들의 인정을 받기 위해 성공을 '강박적'으로 추구"했다. 그런데 행복해지지 못했다. 이때 우리는 무엇을 반성해야 할까?

권력이나 부나 성공은 자신의 기본적인 욕구를 충족시키기 위해 추구하는 것이다. 안전이나 애정이나 귀속에 대한 욕구 등이 충족되어 있다면 그런 것들은 추구하지 않을 것이다. 행복하지 않기 때문에 부를 추구한다. 기본적인 욕구가 채워져 있지 않기 때문에 부를 추구한다.

부를 추구한 동기는 불행이며 여기에는 보복하고 싶다는 복수의 욕구가 들어 있다. 부를 얻었든 얻지 못했든 결과적으로 복수의 욕구는 강해진다. 그 결과 더욱 부를 추구하게 되는 것이다.

〈무명 병사의 말〉에 씌어 있는 마음으로 하루하루를 보낼 수 있다면 틀림없이 만족스러운 인생을 살아갈 수 있다. "추구했던 것은 단 하나도 손에 넣지 못했지만 나의 바람은 전달되었다. 나는 풍요로운 인생을 보낼 수 있었고 축복받은 인생을 보낼 수 있었다."라는 것은 심리적 성장을 이루었다는 의미이며 정서적 성숙을 이루었다는 뜻이다.

추구했던 것은 단 하나도 손에 넣지 못했다는 말은, 요컨대 시장주의 경제의 가치관의 틀 안에서 '단 하나도 손에 넣지 못했다'는 뜻이다. 그것을 손에 넣지는 못했지만 축복은 받았다는 의미다. 이것은 시장주의 경제의 가치관을 초월하는 것이다.

우월함을 중시하여 다면적인 생각을 가질 수 없었던 좁은 세계에서 해방되었기 때문에 시장주의 경제의 가치관을 초월할 수 있는 것이다. 사람은 불안하면 안정을 추구한다. 그리고 다른 사람보다 우월해지려 한다. 그 결과 시야가 좁아진다. 시야가 좁아지면 역경을 이겨낼 수 없다.

우리에게 닥친 역경은 시야를 넓혀 좁은 세계에서 벗어나라는 메시지다.

회복력은 이렇게 단련된다

_____ 불행을 수용하는 법을
_____ 배운다

회복력resilience은 복원력, 또는 재기 능력이라고도 할 수 있다. 최근 이에 관한 연구도 다양하게 이루어지고 있다.

회복력이 있는 사람은 불굴의 성격을 갖추고 있는 사람이다. 이 책과 연관 지어 말하자면 회복력이 있는 사람은 역경에 강한 사람이다. 단, 회복력 연구가인 지나 히긴스는 회복력의 정의에 관하여, 현시점에서 볼 때 어린 시절에 역경을 극복했던 경험을 통해서 얻을 수 있는 심리적 강인함보다 훨씬 더 바람직한 심리적 안정감을 주는 기능을 가지고 있지만 회복력 자체에 관한 표준적인 정의는 아직은 없다고 말한다.[18]

이 책에서는 역경으로부터 재기하는 것을 내 나름대로 다양하게 정의하고 있지만, 역경에 강한 사람이 되는 조건 중 하나는 '불행을 받아들인다'는 것이다. 미국의 심리학자 데이비드 시버리가 '불행을 받아들인다'라고 표현했다. 이 말을 내 방식으로 해석한다면 고통을 당연한 것으로 받아들인다는 뜻이다. 그리고 '앞으로 좋은 일이 있을 것'이라는 전향적인 자세를 갖추고 즐거운 일은 그것대로 즐기는 것이다. 불행을 받아들이는 것은 삶을 대하는 최선의 자세다.

질병에 걸렸을 때 그 자체의 고통이 분명히 있다. 열이 나면 누구나 건강할 때보다 기분이 불쾌하고 컨디션이 떨어진다. 그러나 그 질병에 의해 왠지 모르게 기분이 가라앉는 사람이 있고, 기분 변화가 전혀 없는 사람도 있다.

나이를 먹어 질병에 걸리면 "나는 이제 늙었어."라고 한탄하는 사람도 있고, 그에 더해 질병을 계기로 이런저런 비관적인 생각에 사로잡히는 사람도 있다. 같은 질병에 걸리더라도 비관적인 상태에 빠지는 사람이 있고, 건강할 때와 마찬가지로 밝은 기분을 유지하는 사람이 있다. 역경에 약한 사람은 질병 때문에 자신이 고통스러운 것이라고 생각한다. 하지만 우울한 기분의 원인은 질병 자체에만 있는 것이 아니다. 질병이 끼치는 영향은 사람에 따라 다르다.

"병에 걸리지 말아야 하는데…" 하는 바람은 건강하고 이상적인 자신에 대한 집착이다. 사소한 불행도 받아들이지 못하는 사람일수록 이런 집착이 강하다. 이상에 대한 집착은 불행을 받아들이지 못하는 자세다. 또 그런 사람은 왜곡된 가치관을 갖기 쉽다. 건강한 사람은 가치가 있고 질병에 잘 걸리는 사람은 가치가 없다는 식의 왜곡된 가치관이다.

사소한 불행이나 질병을 과장하여 고통스럽게 생각하는 사람은 '불행을 받아들이지' 못하는 사람이다.

_____ 과거에서 자유로워지기 위한

_____ 고통이 있다

  물론 질병 때문에 얼마나 고통스러워하는가는 그 사람이 어린 시절에 병에 걸렸을 때 주변 사람들이 어떤 반응을 보였는지에 따라 정해지기도 한다.

  질병도 대인 관계에 의해 의미가 부여되는 것이다. 병에 걸렸을 때 부모가 불쾌한 표정을 지었던 사람과 부모가 따뜻하게 대해준 사람이 있다. 또 아이가 늘 건강해야만 만족하는 부모가 있다. 마치 어린아이가 늘 건강하고 활발한 어머니를 바라는 것과 비슷하다.

  어린 시절 질병에 걸렸는데 부모가 불쾌한 표정을 지었던 사람과, 부모가 따뜻한 미소를 띠고 간병을 해주었던 사람에게 질병의 의미는 전혀 다르다. 두 경우 모두 그 당시의 인간관계 구조 안에서 질병의 의미가 정해진다.

  병에 걸렸을 때 부모가 기분 나쁜 표정을 지었다면 그 밑에서 자란 아이는 어른이 되어서 병에 걸리면 우선 변명부터 늘어놓는다. 자신의 책임 때문에 병에 걸린 것이 아니라고 사람들에게 변명을 하는 것이다. 자신은 건강을 유지하기 위해 여러 가지로 신경을 썼는데, 회사에서 옆자리에 앉은 사람이 감기에 걸리는 바람에 자기도 감기에 걸린 것이라고 말한다. 그리고 이들은 질병을 과장하여 고민한다. 질병을 고민하는 태도를 보임으로써 주변 사람들이 신경 써주기를 바라는 것이다.

따라서 질병에 걸리면 잔뜩 풀이 죽어 침울해하거나 그 질병에 어울리지 않을 정도로 심하게 고통스러워하는 사람은 우선 "이 질병은 지금 내가 고통스러워하는 만큼 대단한 것이 아니야."라고 인정해야 한다. 그리고 "내가 지금 고통스러워하는 것은 과거에 사회적 틀 안에서 내가 경험한 질병 때문이야."라고, "지금의 고통은 나의 과거로부터 내가 자유로워지기 위해 피할 수 없는 고통이야."라고 인식해야 한다.

또 '각자가 짊어진 숙명적인 과제를 해결하는 것이 그 사람의 인생의 의미'라는 사실을 이해해야 한다. 고통 없이 인생의 의미를 느낄 수는 없기 때문이다.

'무병식재無病息災; 병 없이 건강하다'라는 말이 있는데, 그와 동시에 '일병식재一病息災; 병은 있지만 건강을 돌보며 산다'라는 말도 있다. 무병식재가 당연히 바람직하겠지만 일병식재도 나쁘지 않다. 한 가지 부족한 것 덕분에 오히려 건강의 고마움을 알 수 있기 때문이다.

앞니가 없기 때문에 어금니의 고마움을 알 수 있다. '앞니가 없어도 어금니로 씹을 수 있어. 정말 고마운 일이야.'라고 생각하는 것이 역경에 강한 사람의 사고방식이다. '아, 앞니가 없어. 어떻게 하지?'라고 생각하는 것은 역경에 약한 사람의 사고방식이다.

질병에 걸려봐야 비로소 건강에 대한 고마움을 알 수 있고, 건강했을 때 불평을 늘어놓았던 자신을 반성하게 되며, 건강한 상태로 회사에 다닐 수 있었던 행복을 모르고 일에 대한 불평을 늘어놓았던 스스로를 깨닫게 된다. 그렇게 깨닫고 반성하는 것이 역경에 강한 사람의 마음가짐이다. 가령 감기에 걸렸다면, 그 밖의 다른 질병에 걸리지 않았다는 데에 감사한다. 이것이 역경에 강한 사람의 사고방식이다.

'병고病苦'와 질병은 다르다. 독일의 정신의학자 텔렌바흐Hubertus Tellenbach는 그의 책《멜랑콜리MELANCHOLIE; 우울》에서 다음과 같이 말했다.

"아리스토텔레스는 병고와 질병을 분명하게 구별했다. 병고란 멜랑콜리 상태이며, 그것이 어디에서 나왔는지 명확하지 않은 고통 그 자체다."[19]

따라서 '이 병은 나에게 무엇을 가르쳐주고 있는가'를 먼저 생각하는 것이 역경에 강한 사람의 사고방식이다. 그렇게 큰 질병도 아닌데 "힘들어. 고통스러워."라고 소란을 피우는 사람은 '고통'을 호소하는 것이 아니라 '사랑'을 바라는 것이다. 질병에 걸렸을 때 과할 정도로 고통을 호소하는 사람은 "나도 좀 바라 봐줘!", "내 병이 정말 중요한 것이라고 말해줘!"라고 비명을 지르고 있는 것이다.

_____ 시련은 행복으로 향하는
_____ 문이다

  똑같이 암에 걸리더라도 암으로 인한 고통의 정도는 사람에
따라 다르다. 그 때문에 불안해하는 정도도 사람에 따라 다르
다. 즉, 불안의 원인은 암이 아니라 그 사람 개인의 성격이나 사
고방식에 있다. 이것을 '사회적 증명의 원리'라고도 하는데, 쉽게
말하자면 "우리는 타인이 무엇을 옳다고 생각하는가에 바탕을
두고 옳고 그름을 판단한다."[20]는 것이다.
  다른 사람들이 "암은 무섭다."고 말하기 때문에 의사로부터
"암입니다."라는 말을 들으면 큰일 났다고 생각한다. 하지만 암
이 발견되었을 때 '일찍 발견되어서 다행이야.'라고 생각하는 사
람도 있다. 이런 사람이 역경에 강하다. 수술하기 위해 몸을 열
어보면 이미 손을 쓸 수 없을 정도로 암이 진행되어 있는 경우
도 있는데, 그런 심각한 상태에 이르기 전에 발견할 수 있었다
는 데에 감사하며 '아, 일찍 발견해서 정말 다행이야.'라고 생각
하는 것이다.
  하지만 암이라는 말을 듣자마자 완전히 불안에 휩싸이는 사
람도 있다. 이들은 암이라는 말을 듣기 전과 후의 건강 상태가
매우 다르다. 암이라는 말을 듣는 것만으로 건강이 급속도로

나빠진다.

다시 말해서 암이라는 말을 듣고 건강을 유지하는 사람이 있고, 반대로 기운을 잃는 사람도 있다. 암을 전향적으로 도전이라고 받아들이는 사람이 있고, 비관적으로 받아들여 어떻게 해야 좋을지 몰라 겁을 먹는 사람이 있다.

역경을 만났을 때 "이 체험을 하지 않으면 알 수 없는 것도 있어. 내가 성장하려면 피할 수 없는 길이야."라고 해석하는 사람이 있다. 역경에 강한 사람의 사고방식이다. 성장은 일생lifelong의 과제다. 어떤 단계에서도 사람은 성장한다. '사람은 일생을 통하여 성장한다.'라고 생각하는 것이 역경에 강한 사람의 사고방식이다.

지금 암을 발견했기 때문에 적절하게 대처할 수 있다. 그러나 지금 발견하지 못했다면 1년 후에 더 심각해져 있을 것이다. 물론 다른 질병도 마찬가지다. 수면무호흡증에 걸린 사람이 "이것을 경험했기 때문에 여러 가지 질병에 대해 나도 발언권을 얻게 되었다."라고 말했다. 그때까지는 무슨 말을 해도 "너는 이 병에 걸려보지 않았기 때문에 그런 말을 하는 거야."라는 말을 들었다고 한다. 그런데 이제는 그런 말을 들을 이유가 없어졌다는 것이다.

체험을 하고 나면 몸과 마음이 단련될 뿐만 아니라 자신감도 생긴다. 그러한 일을 체험했다는 것이 자신감과 연결된다. 즉, 무언가를 뛰어넘는 것이 자신감이다. 강한 자신감을 가지려면 그런 시련들은 모두 뛰어넘어야 할 과제다. 반면 시련으로부터 도망친 사람은 마지막에 괴로워진다. 시련은 환영해야 하는 것이며, 행복으로 향하는 문이다.

_____ 경험에서 긍정적인 의미를
_____ 발견한다

누구나 질병에 걸리지 않고 살고 싶어 한다. 그러나 그것은 비현실적인 바람이다. 물론 운 좋게도 '질병 없는 인생'을 살아가는 사람도 있지만 대부분은 질병을 피하기 어렵다.

바꿀 수 있는 것은 바꾸도록 노력해야 하지만 바꿀 수 없는 것은 있는 그대로 받아들여야 한다. 인간으로서 성장하려면 플러스이건 마이너스이건 다양한 경험이 필요하다. 좋은 일만 이어지는 인생은 없다. 그런 인생을 바라는 것은 매우 비현실적이다. 크게 날갯짓을 하려면 고통스러운 '경험'이 필요하다.

경험을 통해서 적극적인 의미를 발견해야 한다. 경험에는 긍정적인 측면과 부정적인 측면이 있는데, 그중 긍정적인 의미를 중시해야 한다. 그것이 역경에 강한 사람, 회복력이 있는 사람의 사고방식이다.[21]

장점과 단점은 동전의 '앞면과 뒷면'이라고 한다. 뒷면을 보는 것이 정신분석론적인 입장이라면, 앞면을 보는 것은 불굴의 의지가 있는 사람의 자세다. 양쪽 모두 필요하다. 나는 지금까지 정신분석론적인 입장에서 여러 권의 책을 써왔다. 이 책은 회복력에 대해 쓰고 있다. 불굴의 의지가 있는 사람의 사고 유형을 배우는 것이다.

암 선고를 받고 죽음을 의식했을 때, 병원에서 돌아오는 길에 잡초가 아름답게 보였다. 하늘이 빛나 보였다. 아내가 눈부시게 아름다워 보였다. 이렇게 말하는 사람이 있다. 반대로 완전히 침울해져서 모든 사람에게 증오를 느끼고, 아내를 죽이고 싶다는 생각이 들었다고 말하는 사람이 있다. 똑같은 암 선고를 전혀 다르게 받아들이는 것이다.

'불행을 받아들인다'는 말과 같은 의미로 쓰이는 말은 많다. 예를 들면 "급할수록 돌아가라."가 있다. 병에 걸려 수술을 하면 육체의 회복이 늦다. 한창 일을 할 나이에 암에 걸려 수술을 받는 사람들이 있는데, 체력이 좀처럼 회복되지 않는다. 그럴 때에 자기도 모르게 초조해져서 즉시 일을 시작해버린다. 초조한 마음 때문에 여유 있게 휴식을 취하지 못하는 것이다.

그러나 큰 병에 걸렸을 때에는 모든 것을 신에게 맡기고 회복되기를 기다려야 한다. 초조해할수록 결과는 나빠진다. 하지만 초조해하면 안 된다는 사실을 잘 알고 있으면서도 자기도 모르게 마음이 급해진다. 수술을 받은 경우에는 '체력은 좀처럼 회복되지 않는다'는 현실적인 상황을 있는 그대로 받아들이면 고통은 반감한다.

"두 마리 토끼를 잡으려고 하면 한 마리도 잡기 어렵다."는 말이 있다. 물론 반대 의미의 사자성어도 있다. 예를 들면, '일석이조'다. 그러나 일석이조 같은 일은 단순한 우연이나 행운이며 삶의 지혜는 될 수 없다. 삶의 지혜가 되는 것은 "두 마리 토끼를 잡으려고 하면 한 마리도 잡기 어렵다." 쪽이다.

_____ 욕심은 사람을
_____ 나약하게 만든다

현재 자신의 체력으로 인생을 충분히 즐길 수 있는데도 '좀
더' 강한 체력을 원하는 사람이 있다. 그는 끝없이 강인한 체력
을 원한다. 자신에 대한 비현실적인 요구를 한다. 이것은 스스
로를 괴롭히는 행위다. 현실적이지 못한 요구란 자신에 대한 신
경증적 요구일 뿐이다.

불행을 받아들이지 못하는 사람은 '내게는 이 정도의 체력이
있어. 고마운 일이야.'라고 생각하지 않는다. '체력을 좀 더 길러
야 해.'라고만 생각한다. 이런 식으로 욕심을 앞세워 불행을 받
아들이지 못하는 사람은 역경에 약할 수밖에 없다.

수술을 받은 사람의 입장에서 보면 자기 혼자 걸을 수 있는
것도 꿈만 같은 이야기다. 약간의 체력밖에 갖추어져 있지 않다
고 해도 '내게는 이 정도의 체력이 있어. 고마운 일이야.'라고 생
각하는 것이 역경에 강한 사람의 사고방식이다.

불행을 받아들일 수 있으면 틀림없이 행복해질 수 있다. 불행
을 있는 그대로 받아들일 수 있는 사람은 '모든 일이 뜻대로 되
지는 않는다.'라고 생각한다. 이것도 역경에 강한 사람의 사고
방식이다.

사소한 체험을 고통으로 연결시키는 것은 그 사람 자신이다. 불행을 받아들이지 못하는 사람에게는 '살아가는 요령이 부족하다'는 문제보다 "나는 왜 이렇게 요령이 없을까. 아, 또 손해를 봤잖아."라며 고민하는 것이 더 큰 문제다.

역경에 약한 사람은 불행을 받아들이지 못하는 성격이다. 다시 말하면 행복해질 수 없는 유형이다. 예를 들어 감기에 걸리거나 무리하게 일을 하거나 시차 등으로 인해 컨디션이 나쁠 때, 일단 그것을 있는 그대로 받아들이는 사람이 있다. 이들은 자신의 신체적 컨디션을 무리해서 이상적인 상태로 만들려고 하지 않는다.

누구나 컨디션이 나쁘면 숙면을 취할 수 없다. 그럴 때에는 '억지로 자려고 하기보다는 잠든 시간만큼만 자면 돼.' 하고 생각하면 된다. 하지만 이러한 상황을 무시하고 "숙면을 취해야 하는데…."라며 무리한 노력을 하는 것은 '불행을 받아들이지 못하는' 것이다. 그럴 때에 숙면을 취하려 하는 것은 완벽한 삶을 강박적으로 추구하는 행위다.

숙면을 억지로 취하려 하면 그것이 고통이 된다. 그럴 경우, 다음 날에는 당연히 컨디션이 가라앉는다. 깊은 잠을 자기 어려운 현실을 있는 그대로 받아들여야 한다. 사실 최고의 컨디션을 유지하기 위해 노력하는 것 자체가 스스로에게 무리를 주는 행위다. 최고의 컨디션을 유지하려 하기 때문에 '가라앉은 컨디션'이 고통으로 느껴지게 된다. 최고의 컨디션을 유지하려 하면 현재의 컨디션이 고민의 씨앗이 된다.

_____ 불행을 있는 그대로

_____ 받아들인다

'불행을 받아들인다'는 것은 장수의 비결이기도 하다. 고령자에게 장수의 비결을 물어보면 "불만을 가지지 않는다."거나 "화를 내지 않는다."라고 흔히 말하는데, 그것이야말로 불행을 있는 그대로 받아들이는 삶이다.

이것은 장수뿐 아니라 행복한 마음으로 살아갈 수 있는 비결이기도 하다. 앞에서 소개한 지나 히긴스의 책에 회복력을 갖춘 사람을 인터뷰한 내용이 있다. 강인하고 담대한 사람들의 고투에 관한 이야기다.

그들은 비참한 과거를 가지고 있었다. 큰 질병, 빈곤, 가족 간의 고질적인 갈등, 부모의 폭력, 오랜 기간에 걸쳐 부모와 떨어져 지냈던 경우도 있었다. 그중 절반 이상의 사람들이 반복적으로 육체적, 성적으로 학대를 받았다. 더구나 그들은 혼자서 그런 고통의 시간들을 견뎌냈다. 그런 고통스러운 배경에서 살아야 했지만 그들은 심리적으로 성숙했고 건강했다.[22]

'터무니없는 말이다.', '사기다.'라고 생각할지도 모른다. 그렇게 생각하는 것도 무리는 아니다. 정신분석론을 오래 공부해온 나의 입장에서도 힘들 것이라고 생각하니까.

그럼에도 그런 사람들이 실제로 존재할 수도 있다는 것이 지금의 나의 생각이다.

지나 히긴스는 회복력이 좋은 사람들 40명을 대상으로 각자 4시간씩 인터뷰를 했다. 모두 160시간이다.[23] 그는 이들을 만나기 위해 보스턴 지역에서 경험이 풍부한 30명 이상의 임상의를 만났는데, 그들은 모두 10년 이상의 집중적인 임상 경험을 가진 사람들이었다.

40명을 인터뷰한 결과, 히긴스는 회복력에 관해 다음과 같이 정의했다.

"성장하기 위하여 중요한 도전 과제를 뛰어넘을 수 있는 사람이다."[24]

이런 불굴의 의지와 회복력이 갖추어진 사람에 비하여 불안한 사람은 불행을 받아들이지 못한다. 불안한 사람은 안심할 수 있는 상황만을 바란다. 그럴 경우, 보다 큰 성장을 불러올 리스크를 피하고 현재의 안전과 완벽만을 추구하게 된다.

사실은 "그래. 이걸로 됐어."라고 불행을 있는 그대로 받아들일 수 있어야 한다. "그래. 이걸로 됐어."라는 말은 적당히 얼버무리는 태도가 아니라 그만큼 마음의 유연성을 가졌음을 의미한다.

_____ 자신에 대한
_____ 현실감이 있어야 한다

불행을 받아들이지 못하는 사람은 커뮤니케이션이 원활하지 않다. 그들과 있으면 상대방이 긴장하고 지친다. 예를 들어 심장병에 걸리기 쉬운 타입 A에 해당하는 사람들이 있다. 그들은 한시도 쉬지 못하는 사람들이다. 그들과 함께 있으면 상대방이 지칠 수밖에 없다. 하지만 불행을 받아들일 줄 아는 사람과 있으면 상대방은 안정을 느낄 수 있다.

자신의 약점을 받아들이는 사람에게는 앞으로 어떻게 살아가면 좋을지에 대한 방향성이 보인다. '나는 신경과민이야.'라고 불행을 받아들일 수 있기 때문에 '나는 정치가는 될 수 없어.'라고 생각할 수 있다. '나는 둔감해.'라고 불행을 받아들일 수 있기 때문에 '나는 시인은 될 수 없어.'라고 생각할 수 있다.

하지만 자신의 약점을 도저히 받아들이지 못하는 사람이 있다. 그런 사람은 열심히 노력은 하지만 결국 괴로워진다. 열심히 노력했지만 체제가 올바르게 갖추어지지 않은 상태에서 약점을 숨기고 있었기 때문에 바람직한 결과를 이끌어내지 못하는 것이다. 이것이 역경에 약한 사람의 불행이다.

이렇게 사소한 것이 원인이 되어 불행이라는 비참한 결과를 낳는다. 마음을 어떻게 가지는지에 따라 행복한 삶과 불행한 삶이 정해진다. 의식적으로 사고할 때는 사소한 원인처럼 여기지만 무의식의 세계에서는 그렇지 않다. 무의식 세계에서는 심각한 문제를 끌어안고 있는 것이다. 그렇기 때문에 역경에 약한 사람은 사소한 원인들 때문에 불행해지는 것이다.

스스로에게 비현실적인 요구를 하는 것은 실제의 자신을 현실적으로 느끼지 못하기 때문이다. 그럴 경우 '실제의 자신'과 '이상적인 자신'을 구별할 수가 없다. 늘 '이렇게 되고 싶어.'라고 생각하면서 그러는 동안 '실제의 자신'에 대한 현실감을 잃어버린다. 그렇기 때문에 '실제의 자신'을 무시하고 있다는 사실은 잊어버리고 '실제의 자신'이 할 수 없는 일을 시작한다. '실제의 자신'이 현실감을 잃어버리는 원인은 열등감이다.

타인과 자신이 어떤 관계에 있는지 모르고, 사회에서 자신의 위치를 모르는 사람은 자신에게 즐겁고 유리한 인간관계만을 만들려고 한다. 현실감이 없는 것이다. 이와 반대로 노력을 하지 않으면 바람직한 인간관계는 만들 수 없다는 사실을 아는 사람은 역경에 강한 사람이다. 이들은 실제의 자신을 받아들이고 바람직한 인간관계를 만들어나가는 사람들이다.

불행을 받아들이지 못하는 사람은 자신이 불행을 받아들이지

못하는 사람이라는 사실을 모른다. 역경에 강한 사람이 되려면 우선 자신이 불행을 받아들이지 못하고 있다는 사실을 깨달아야 한다. 미국의 심리학자 데이비드 시버리는 "자기 자신에게 걸려 있는 부정적인 암시를 깨닫는 것부터 치료는 시작된다."[25]라고 말했다.

문제는 '깨닫지 못한다'는 것이다. 깨닫는다면 대처하는 방법도 알 수 있고 싸울 자세도 갖출 수 있다. 그러나 깨닫지 못하기 때문에 아무것도 하지 않는 것이고 아무것도 할 수 없는 것이다. 과거에 《EQ 감성지능Emotional Intelligence》이라는 책이 베스트셀러가 된 적이 있는데, 저자인 대니얼 골먼Daniel Goleman도 감성지능에서 중요한 것은 '자아 인식Self-awareness'이라고 했다.

무기력은 나쁜 것이 아니다. 자신이 무기력하다는 사실을 자각해야 비로소 일어설 수 있기 때문이다. 역경에 강한 사람이 되려면 우선 '자신을 깨달아야' 한다.

역경에 강한 사람은 불행을 자신의 상황으로 받아들이는 사람이다. 그렇기 때문에 그들에게는 살아갈 수 있는 에너지가 있다. 에너지가 있기 때문에 역경을 만났을 때 구체적으로 행동할 수 있는 것이다.

2장

역경에 약한 사람의 심층

마음의 역경에 마침표를 찍을 수 있는가

_____ 마음의 역경은
_____ 눈에 보이지 않는다

　마음의 역경은 사회적 역경, 현실적인 역경과 다르다. 현실적인 역경은 눈에 보이지만 마음의 역경은 눈에 보이지 않는다. 우리가 정말로 두려워하고 피해야 하는 것은 바로 마음의 역경이다. 마음의 역경은 강박적인 명성을 추구할 때 발생한다. 몸을 강제로 움직여 하기 싫은 일을 하려고 애쓸 때에 발생하는 것이다. 그 결과 사회적으로는 성공을 거두는 경우도 있지만, 아이러니하게도 성공을 할수록 괴로워진다. 그것이 데모스테네스 증후군Demosthenes Syndrome, 즉 성공한 사람의 우울증이다.

　마음의 역경은 마음을 고달프게만 하고 지혜를 주지는 않는다. 반면 현실적인 역경은 그것을 뛰어넘으면 지혜가 생긴다.

　사회적으로 역경에 부딪혔을 때가 인생의 잘못된 선택을 바로잡을 수 있는 소중한 기회임을 기억하길 바란다. 나중에 자신의 인생을 돌아보았을 때, 과거에 역경에 부딪힌 적이 있기 때문에 자신이 가야 할 본래의 길로 돌아올 수 있었다는 사실을 깨닫게 되는 경우도 있다.

　장사에는 어울리지만 학자로는 어울리지 않는 사람이 대학원 진학에 실패했다. 이것은 사회적인 역경이고 좌절이지만, 이것이 '잘못된 길로 들어서는 것을 막아주었다'는 결과를 낳는 경우도 있다. 이 사회적 역경을 겪으면서 평생의 행복을 거머쥐게 되는 경우도 많다. 그런 경우에는 사회적 역경이 그 사람을 마음의 역경으로부터 구원해준 것이라고 말할 수 있다. 만약 대학원 진학에 성공했다면 마음의 역경은 끝없이 이어졌을 테니까.

사회적 역경에 부딪히면 괴롭다. 그러나 일생을 생각한다면 이 사회적 역경이 있었기 때문에 마지막에 행복해질 수 있는 것이다.

_____ 무의식중에

_____ 자신을 배신하면서 살고 있다

"고난을 복으로 만든다."라는 말이 있다. 우선, 역경은 나쁘다는 고정관념을 바꾸어야 한다. 역경은 행복해지기 위해 통과해야 하는 관문이라고 생각해야 한다.

역경은 행복의 장애가 되기 때문에 어떻게든 피해야 한다는 마음을 가지는 것이 문제다. 역경이 없는 인생이란 없다. 따라서 역경을 받아들인다는 마음의 자세를 가져야 한다.

마음의 역경은 자신에게 어울리지 않는 일을 할 때 발생한다. 무의식중에 자신을 배신하면서 살고 있을 때다. 물론 무의식중에 자신을 배신하고 살아도 사회적으로 성공을 거두는 경우가 있지만 그것은 오랫동안 지속되지 않는다. 언젠가 반드시 좌절하게 된다.

예를 들어 온몸을 불태울 것처럼 일하다가 번아웃 증후군 Burnout syndrome에 걸리는 사람은 오랜 세월 동안 마음의 역경을 견디며 살아온 사람이다. 어떻게 보면 자신의 적성에 맞지 않는 일을 하면서 살아온 사람이다. 그래서 결국 소진되어버리는 것이다.

그러나 사회적으로 역경과 좌절을 경험한 덕분에 자신의 잘못된 선택을 돌이키게 되는 경우도 있다. 미국의 정신과 의사인 프로이덴버거Herbert Freudenberger는 번아웃 증후군은 잘못된 선택과 무조건적인 노력의 결과로 나타난다고 말한다. 단, 이런 사람은 태어난 이후부터 마음이 줄곧 역경 속에 있었다.

그 잘못된 선택을 바로잡아주는 것이 현실적인 역경, 사회적 역경이다. 현실적인 역경은 분명히 고통스럽지만 기나긴 인생을 생각하면 그로 인해 구원을 받는 것이다. 실제로 현실적인 역경이 마음의 역경에 마침표를 찍어주는 경우가 많다. 현실적인 역경이 마음의 역경에 마침표를 찍어주지 못한 경우가 바로 엘리트의 우울증이나 자살이다.

_____ 역경이 나의 가치를
_____ 박탈하는 것은 아니다

역경이란 곤충의 탈피와도 같다. 역경이 없으면 삶의 보람이 있는 장소에는 갈 수 없다. 성장하기 위해 지나야 하는 관문이 역경이기 때문이다. 역경은 불구덩이 같은 고통일 수도 있지만 그 불구덩이를 통과하지 못하면 행복해질 수 없다.

사회적 역경은 결코 자신의 가치를 박탈하는 것이 아니다. 그것은 그 사람이 보다 큰 인간으로 성장할 수 있는 학교와 같다. 사람은 역경을 통해 시야가 넓어진다. 역경에 의해 단련되고 다른 사람에 대한 이해력이 생긴다. 역경에 의해 보다 행복하게 살아가는, 가치 있는 인간으로 성장한다.

역경이 없는 인생은 햇볕만 계속 내리쬔 탓에 대지가 메말라 갈라지는 것과 같다. 사람은 역경이 있기 때문에 마지막에 행복해질 수 있다. 역경이 있기 때문에 다른 사람의 고통을 이해할 수 있고, 질병에 걸려보았기 때문에 건강의 고마움을 이해할 수 있다.

젊은 시절에는 당연히 연애나 실연을 경험한다. 그런 경험을 해야 한층 더 성장할 수 있다. 성장한다는 것은 심리적으로 하나하나 탈피해가는 것이다.

변화를 두려워하는 이유는 탈피가 두렵기 때문이다. 마음의 낡은 장벽을 허물고 새로운 마음의 장벽을 만드는 것이 두려운 것이다. 하지만 마음의 낡은 장벽은 자신을 지켜주기보다 성장을 가로막는 역할을 할 뿐이다.

역경이 있기 때문에 인생은 풍요로워질 수 있다. 역경에 부딪혔을 때는 '신은 이 역경을 통해서 나의 마음을 풍요롭게 만들어주려 하는 것이다.'라고 생각해야 한다. 지렁이가 없으면 풍요로운 땅은 만들어지지 않는다. 인간도 역경을 경험하지 않고는 풍요로운 마음을 갖출 수 없다. 개미가 없으면 땅에 곤충의 사체들이 가득할 것이다. 개미는 이 세상에 필요한 존재다. 세상에 쓸모없는 존재는 없다. 인간은 곤충에게서도 배울 수 있어야 한다.

이전에 《성공의 심리학 The Psychology of Winning》이라는 책을 번역한 적이 있는데, 그 안에 다음과 같은 내용이 씌어 있었다.

"뉴기니와 오스트레일리아 사이에 그레이트배리어리프 Great Barrier Reef라는 거대한 산호초 지대가 있는데, 산호초 안쪽은 온화한 바다이고 바깥쪽은 거친 바다다. 따라서 안쪽의 산호는 생존 경쟁이 없기 때문에 빠른 속도로 성장했다 죽어가지만 거친 파도에 노출되어 있는 바깥쪽의 산호는 바다와 사투를 벌이면서 성장하고 번식하여 눈이 부실 정도로 아름다운 모습을 갖추고 있다."[26]

이와 같은 원리가 지구상의 모든 생명에게 적용할 수 있다고 한다. 스트레스나 고난과의 싸움이야말로 생명체를 더욱 크게 성장시켜준다고 저자는 주장한다. "온실에서 자란 아이가 문제아"라는 말이 있듯 사람이 제대로 성장하려면 고난과 역경이 꼭 필요하다.

_____ 결핍 동기로 움직이면

_____ 만족할 수 없다

역경에 부딪혔다. 어떻게 생각해야 할까? 역경에 부딪혔을 때에 "설마 내가 이렇게 될 줄이야." 하며 한숨을 쉴 수도 있다. 그러나 역경은 내가 어떤 사람인지를 가르쳐주기 위해 존재하는 것이다.

역경은 왜 고통스러울까? 좋은 평가를 받고 싶다는 마음이 현재의 역경을 더욱 고통스럽게 만들고 있는 것은 아닐까? 실패가 고통스러운 것이 아니다. 좋게 평가받고 싶다는 마음이 실패를 고통스럽게 만든다.

현실이 괴로운 것이 아니다. 그 사람의 마음이 현실을 괴롭게 만든다. 삶의 고통은 대상에 대한 관심이 큰가, 좋게 평가받고 싶다는 욕구가 큰가에 따라 정해진다.

결핍 동기로 움직이는 사람은 좋아하는 것이 없다. 반면 성장 동기로 움직이는 사람은 좋아하는 것이 있다. '이 아이를 위해'라는 생각으로 움직이면 의욕이 생기고 힘을 낼 수 있다. 그러나 결핍 동기인 경우에는 자신이 좋은 평가를 받고 인정을 받기 위해 노력한다.

역경 때문에 침울해지는 이유는 '좀 더!'라는 욕심 때문이다.

자신이 원하는 대로 이루어지지 않기 때문에 침울해지는 것이다. 역경에 부딪혔을 때에는 자신이 하는 고민의 본질을 간파해야 이겨낼 수 있다. 원인을 분명하게 알면 기운을 내서 역경을 헤쳐 나갈 수 있다.

_____ 바라기만 할 뿐

_____ 행동하지 않는다

우리 할머니가 막냇삼촌에게 남긴 말이 있다. 막냇삼촌은 품성이 좋지 않았다. 할머니가 남긴 말은 "남자는 행동을 중시해야 한다."라는 것이었다. 아마 대처 능력에 대한 말씀이었을 것이다. 할머니가 살았던 시대라서 남자라고 표현한 것일 뿐, 이 말은 여성에게도 통한다.

실행력과 행동력이 바로 그 사람의 대처 능력이다. 역경에 약한 사람은 변명만 늘어놓을 뿐 움직이지 않는다. 그러다가 역경에 부딪혔을 때 갑자기 실행력이 나올 수는 없다. 평소에 '행동을 중시하는' 자세가 갖추어져 있어야 역경에 부딪혔을 때 행동으로 옮길 수 있다.

역경에 약한 사람은 현실에 맞서지 않는다. 상상과 바람과 자기 합리화 속에서만 살아간다. 현실과 맞서지 않고 상상만 한다. "이렇게 되었으면 좋겠다."라고 바라기만 할 뿐 행동하지 않는다. 이들은 발생한 문제에 직면하는 법이 없다. 그리고 《이솝 우화》의 여우처럼 "그 포도는 시어서 먹고 싶지 않아."라고 자신의 삶의 자세를 합리화한다.

하지만 역경에 강한 사람은 실행력, 행동력으로 역경에 효과적으로 대처한다. 자신의 에너지를 효과적으로 활용할 줄 안다. 고민에 사용되는 에너지를 역경을 이겨내는 에너지로 바꾸는 것이다.

돈을 사용하는 방법 하나를 보아도 역경에 강한 사람은 적은 돈을 효과적으로 사용한다. 역경에 약한 사람은 돈을 낭비한다. 돈을 쓴다고 인간관계가 좋아지는 것은 아니다. 그러나 그들은 허세를 부리기 위해 돈을 무분별하게 쓸 뿐, 바람직한 인간관계를 위해 쓰지는 않는다.

역경에 강한 사람은 경험을 통해서, 또는 자연에서, 상대하는 모든 것들로부터 배운다. '반면교사'라는 말이 있다. '다른 사람의 언행을 보고 자신의 잘못을 고친다'는 뜻이다. 역경에 강한 사람은 무슨 일을 해도 거기에서 자신이 무엇을 배울 것인지를 생각하고, 자신이 왜 이런 역경에 부딪히게 되었는지 생각한다.

하지만 역경에 약한 사람은 거기에서 무엇을 배울 것인지를 생각하지 않고 다른 사람에게 자신을 좋게 보이려고 쓸데없는 노력을 한다. 쓸데없는 노력, 이것 또한 신경증의 한 특징이다.

_____ 결과만 보는 사람은
_____ 대처 능력이 없다

역경에 약한 사람은 역경을 이겨낼 힘이 없는 것이 아니라 역경을 이겨낼 자신감이 없는 것이다. 나아가 스스로에 대한 자신감도 없다. 역경에 대처하지 않고 피하다 보면 결과가 아무리 좋아도 심리적으로는 자신감을 잃는다. 결국 스스로에게 의지할 수 없게 된다.

역경에 부딪혔을 때, 문제에 직면하여 적극적으로 대처할 것인가, 회피할 것인가 하는 태도가 자신감과 관련된다. 역경에 당당하게 대처하면 실패하더라도 자신감이 붙는다. 역경으로부터 도망치려 했는가, 맞서 싸우려 했는가 하는 것과 자신감은 깊은 상관관계가 있다.

예를 들어 사업을 하다가 실패를 해서 빚을 지고 도망치는 경우가 있다. 대처 능력이 없는 것이다. 이런 사람은 자신감이 바닥으로 떨어질 수밖에 없다. 갈림길은 여러 개가 있다. 현실로부터 등을 돌릴 것인가, 현실에 맞서 싸울 것인가 하는 것이 천국과 지옥의 갈림길이다.

우울증 환자는 대처 능력이 없다는 특징이 있다. 우울증에 걸린 사람은 성공하면 마치 하늘로 뛰어오를 듯 기뻐한다. 그리고

실패하면 마치 수렁에 빠진 것처럼 즉시 절망한다. 반면 역경에 강한 사람은 스스로에 대한 자신감이 있다. 자신을 믿는다. 만약 자신을 믿을 수 없다면 지금 당장 스스로를 믿는 것부터 시작해야 한다.

태어났을 때부터 역경에 강한 사람은 없다. 역경에 강한 사람으로 태어난 사람은 이 세상에 존재하지 않는다. 자신이 역경에 약하다고 생각한다면 지금이야말로 역경에 강한 사람으로 바뀔 수 있는 소중한 기회다. 오늘의 행동이 내일로 연결된다.

역경에 강한 사람이 되는 것에도 과정이라는 것이 있다. 우리는 다른 사람을 볼 때 결과만을 보기 쉽다. 역경에 강한 사람을 볼 때도 역경에 강한 사람이라는 결과만을 보기 쉽다. 그리고 그 사람이 역경에 강한 사람이 되기까지 걸어온 긴 여정을 무시하기 쉽다.

누구나 역경에 강한 사람이 될 수 있다. 하지만 그것은 누구에게나 가시밭길이기 때문에 조금씩 단계를 밟아 역경에 강한 사람이 되어가야 한다. 노력을 하지 않는 사람이 상대방이 노력해온 과정에 주의를 기울이지 않고 자신의 역경에만 주의를 기울인다면 당연히 불만을 품게 된다.

그러나 결과가 아닌 과정으로 눈길을 돌리면 어떻게 될까?

"나는 할 수 없어."라는 생각에서도 해방될 수 있고, 자신감도 붙는다. 살아가려면 이 길을 꼭 통과해야 한다는 느낌이 드는 길이 보일 것이다. 그런 길을 발견할 때까지 시야를 넓히는 수밖에 없다.

왜 불행할 수밖에 없는가

_____ 불행해질 수밖에 없는

_____ 행동을 한다

　미국에서 출간된 《행운을 붙잡는 13가지 힌트Thirteen Tips on Luck》라는 책이 있다.[27] 저자는 이른바 '운이 좋은' 사람을 많이 알고 있는데, 그들이 왜 운이 좋은지 연구하기 위해 평생을 투자했다. 그리고 '우연'이라는 '운'으로 성공을 거둔 사람은 없다는 사실을 확인했다고 한다. 즉, 운이 좋다고 생각하는 것은 외부에서 보았을 때의 평가일 뿐 자세히 들여다보면 그것은 노력의 산물이라는 것이다.

　나는 좋은 운을 타고난 사람이 있고 나쁜 운을 타고난 사람이 있다고 생각하지만, 연이어 운이 좋은 사람은 나름대로 노력을 했기 때문이라는 주장에도 찬성한다.

　어떤 운명을 타고나든 역경에 부딪히는 순간은 반드시 온다. 운이 좋은 사람에게는 역경을 이겨낸 결과 행운을 붙잡게 되었다는 나름대로의 배경이 존재하는 것이다. 자연재해 같은 것을 제외하면 행운과 불행은 갑작스럽게 찾아오지 않는다. 대부분의 경우, 불행해지는 사람은 불행해질 수밖에 없는 행동을 한다. 역경에 빠지는 사람에게는 역경에 빠진 이유가 분명하게 존재한다.

오스트리아의 정신과의사 베란 울프W. Beran Wolfe는 "고민은 어제의 사건이 아니다."라고 말했는데, 덧붙인다면 "행운도 불행도 어제오늘의 사건이 아니다."라고 말할 수 있다. 행운이나 불행은 오늘까지의 삶의 결과다.

그렇기 때문에 지금 자신이 불행하다고 생각하는 사람은 당장 생활 방식을 바꿔야 행운을 거머쥘 수 있다. 즉, 하루하루 스스로에게 진실하게 살아가야 한다.

지금 역경에 부딪힌 사람은 10년 전에 역경에 부딪힐 수밖에 없는 행동을 한 것이다. 지금 다른 사람에게 상처를 주면 원망을 사게 되고, 나중에는 보복이 돌아온다. 복수를 당하면 이번에는 이쪽이 증오를 품는다. 증오를 품으면 어떻게 되는가? 결국 자신이 고통스러워진다. 불행해지지 않으려면 마음에 증오를 남기지 말아야 한다.

_____ 성실한 사람을
_____ 상대하지 못한다

역경에 강한 사람은 바람직한 인간관계를 형성한다. 이들은 성실한 사람들과 교제한다. 주변에는 따뜻한 마음을 가진 사람들이 넘친다. 그러나 역경에 약한 사람은 나쁜 인간관계를 형성한다. 이들은 불성실한 사람들을 상대한다. 한때 친절하게 대하더라도 그 사람이 난처한 상황에 놓이면 도와주려 하지 않는다. 역경으로부터 좀처럼 벗어나지 못하는 사람은 주변에 늘 그런 사람들만 있다. 그 사람이 질병에 걸렸을 때 스스럼없이 돈을 건네줄 수 있는 사람이 정말로 좋은 사람이다.

지금까지의 삶이 잘못되어 있을 경우에는 운이 나쁜 사람이 된다. 그리고 고민을 거듭한다. "지금의 이 고통에서 벗어나게 해줘."라고 비명을 질러도 이미 늦다. 주변에는 그를 도와줄 사람이 한 명도 없다.

이들은 고민에 사로잡혀 있을 때 성실한 사람과 어울리려 하지 않는다. 성실한 사람은 고민을 해결해주기 위해 상대방에게 "이렇게 해봐."라고 구체적인 제안을 하기 때문이다. 삶에 지친 사람에게 그것은 가혹한 요구다. 해결하려 한다는 것은 현실에 직면한다는 것이기 때문에 고민하는 사람은 성실한 사람의 입에서 나오는 말을 듣기 싫어한다.

결국 이들은 입만 살아 있는 불성실한 사람을 상대하기 쉽다. 역경에 부딪혔을 때 성실한 사람은 상대하고 싶지 않고 불성실한 사람이 상대하기 편한 것이다. 그 결과 지금 고통스러운 자신을 도와주는 사람을 '좋은 사람'이라고 생각해버린다. 그런 한편 그 불성실한 사람에게 '좋은 사람'으로 보이기 위해 노력한다. 그리고 어리석게도 자신의 능력을 과시한다. 그런 과시를 해보아야 아무런 도움도 되지 않지만 굳이 자신을 내세워 불성실한 사람에게 좋은 사람으로 보이려고 노력한다.

그러나 "정말 힘들겠다!"라는 단순한 동정의 말은 행운을 불러오지 않는다. "정말 힘들겠다."라는 말을 듣는다고 해서 역경이 해결되지는 않는다. 그것은 입에 발린 말뿐이기 때문이다. 물론 그런 동정이나 위로의 말을 들을 때에는 기분이 좋다. 하지만 그 말이 현재의 역경을 해결해주지는 않는다. 힘을 잃고 죽어갈 때 그런 동정이나 위로의 말은 아무런 의미가 없다.

_____ 마법의 지팡이는
_____ 바라지 말아야 한다

역경에 부딪혀 괴로운 사람들은 '마법의 지팡이'를 바란다. 그래서 '지금 내가 고통스럽지 않도록 도와줄 수 있는 사람'을 찾는다. 아무것도 하지 않는 자신을 구원해줄 수 있는 사람을 찾는다. 하지만 그런 사람이 있을 리 없다. 존재하지도 않는 사람을 찾다 보면 더 깊은 역경에 빠질 수밖에 없다.

빚을 생각해보면 이해하기 쉽다. 처음에는 돈을 꾸면 도움이 된다. 그러다가 다음에는 좀 더 많은 빚을 빌려주는 사람을 찾는다. 마지막에는 사채까지 얻어 쓴다. 그 결과 틀림없이 지옥으로 떨어진다.

삶이 괴로울 때 마음에 드는 사람은 주의해야 할 사람이다. 붙임성이 너무 좋은 사람도 경계해야 한다. 언뜻 화려해 보이는 찻잔이지만 걸레로 닦은 것일 수도 있다.

히긴스는 역경에 강한 사람의 특징으로 직면한 문제에 대한 전향적인 자세, 적극적인 자세, 능동적인 자세, 불굴의 자세를 들었다. 이것을 '프로액티브proactive 경향'이라고 한다.[28] 역경에 강한 사람은 '마법의 지팡이'를 바라지 않는다. "지금 나는 어떻게 대처할 수 있을까?" 하는 것만을 생각한다.

  그러나 역경에 약한 사람은 불평만 늘어놓을 뿐 해결할 의지
가 전혀 없다. 경제적 역경뿐 아니라 마음의 역경인 경우에도 마
찬가지다. 우울증이나 불면증에 걸렸을 때 '지금 내가 고통에서
벗어날 수 있도록 도와줄 수 있는 사람'을 찾는다. "나는 왜 신
경증에 걸려 불면증에 시달리게 되었을까?" 하고 자신의 지금
까지의 삶을 반성하는 것이 우선이다. 그것이 마음을 빚더미에
깔리지 않도록 하는 방법이다.

_____ 미움받지 않기 위해

_____ 모든 에너지를 쏟아붓는다

역경에 강한 사람은 '운은 스스로 붙잡는다'는 마음가짐을 가지고 있다. 반면 역경에 약한 사람은 다른 사람으로부터 운을 받으려 한다. 이들은 아무것도 하지 않고 행운을 기다리고만 있다.

하지만 다른 사람으로부터 운을 받으려고 하면 상대방이 제대로 보이지 않는다. 즉, 자신의 형편에 맞는 말을 하는 사람에게만 매달린다. 편하기 때문이다. 그리고 마지막에 뼈아픈 고통을 맛본다.

스스로 운을 붙잡으려 하는 사람은 상대방을 제대로 볼 수 있다. 이들은 상대방이 단순히 듣기 좋은 말을 하는 사람인지, 정말로 함께 고통을 나누려는 사람인지 구분할 수 있기 때문에 역경에서 빠져나올 수 있다.

운을 스스로 붙잡으려 하는 사람은 상대방이 성실한 사람인지, 아니면 듣기 좋은 말만 하는 사람인지 구분할 수 있다. 단순히 듣기 좋은 말만 하는 사람인지, 성실한 사람인지를 구분하는 포인트는 "이 사람은 나를 위해 리스크를 짊어질 수 있을까?" 하고 생각해보는 것이다. 이렇게 생각해볼 수 있는 사람이 역경에 강한 사람이다.

역경에 약한 사람은 지금 해결해야 할 문제가 있는데도 거기에서 도망치려 하기 때문에 운이 나쁜 사람이 된다. 그리고 불성실한 사람에게 미움을 사지 않기 위해 모든 에너지를 쏟아붓는다. 이들은 곤란한 상황에 놓여 있는 자신을 도와주지 않는 사람, 질 나쁜 사람에게 인정을 받으려 한다. 그 질 나쁜 사람에게 인정을 받기 위해 에너지를 사용하지만, 역경으로부터 벗어나기 위해 에너지를 소비하지는 않는다.

짠 음식을 좋아하는 연인에게 염분이 강한 음식을 계속 만들어주는 여성이 있다. 그녀는 미움받고 싶지 않기 때문에 상대방이 기분 나쁘게 생각할 수 있는 말도 하지 않는다. 이런 사람이 역경에 약하다. 그리고 이런 여성을 좋아하는 남성이 역경에 약한 남성이다. 상대방의 건강을 생각해서 염분이 적은 음식을 만드는 사람이 역경에 강한 사람이고 이런 사람과 인간관계를 맺는 사람이 역경에 강한 사람이다.

_____ 자신을 과시하는 사람은

_____ 자멸한다

역경에 약한 사람, 불행해지는 사람은 역경에 부딪혔을 때는 물론이고 평소에도 늘 자신의 능력을 과시한다. 그런 과시를 한다고 도움이 되는 것은 전혀 없는데도 그들은 질 나쁜 사람에게 '멋진 사람'이라는 평가를 듣기 위해 애써 연출하고 자신을 과시하기 위해 에너지를 사용한다. 다른 사람에게 과시하기 위한 이런 생활은 현실로부터 도망치는 자세다.

친구를 구분할 줄 모르는 사람은 결국에 자멸할 수밖에 없다. 또한 이들은 현실과 맞서 싸우지 않기 때문에 역경에서 벗어나지도 못한다.

역경에 부딪혀 불평을 늘어놓는 사람에게서는 운이 도망쳐버린다. "웃는 집에 복이 들어온다."라는 말처럼 웃어야 복이 들어오는 것이지 복이 들어와야 웃는 것이 아니다. 스스로 운을 붙잡을 생각은 하지 않고 운이 나쁘다고 한탄만 하는 사람이 많다. "그때 그렇게 했어야 했어."라는 식으로 한탄만 하는 동안에 시간은 덧없이 흘러간다. 그리고 늙어서 불행해진다. 한탄하며 뒤돌아보는 동안에 어느 틈에 인생이 끝나 있는 것이다.

행운과 불행은 '누구에게 좋은 사람으로 보이는가'에 따라 정해지는 경우가 있다. 따라서 누구에게 자신을 과시하고 있는가를 살펴보면 그 사람이 어떤 사람인지 알 수 있다.

질 나쁜 사람에게 '좋은 사람'으로 보이려고 하는 것은 스스로 '이용당하겠다'고 선언하는 것과 같다. 역경에 강한 사람은 그런 사실을 잘 알고 있기 때문에 역경으로부터 벗어날 수 있다. 이들의 또 한 가지 특징은 '사람을 보는' 자세가 갖추어져 있다는 것이다.

역경에 약한 사람은 질 나쁜 사람에게 자신을 과시하려 하기 때문에 불행해진다. 이들은 힘들 때에 자신을 도와주지 않는 사람에게 착한 사람으로 보이려 한다. 질 나쁜 사람에게 좋은 사람으로 보이기 위해 모든 에너지를 소비한다.

컬트 집단은 극단적인 예이지만 역경에 약한 사람이 상대하는 사람은 본질적으로는 이들 컬트 집단과 같다. 힘들 때 도와주지 않는 그 사람들에게 잘 보이려고 역경에 약한 사람들은 비싼 브랜드 옷을 걸치고 화려한 생활을 한다.

"나는 나 자신의 세계관 안에서 살아왔다. 주변 사람이 보이지 않았다."라는 사실을 깨달았을 때가 역경에 약한 사람에서 역경에 강한 사람으로 방향 전환이 이루어지는 때다. "나는 불성실한 사람들 사이에 있었다."라고 깨닫는 것만으로 봄은 가

까이 다가온다. "주변 세상이 보이자 현재의 나 자체로도 충분히 사람들에게 인정을 받을 수 있다는 사실을 알았다."라는 생각을 하게 되었을 때 역경에 강한 사람으로 방향 전환이 이루어지는 것이다.

"사랑받으려면 어떻게 해야 좋을까?"

이론적으로는 간단하다. 자신을 사랑해주는 사람을 물리치지 않으면 된다. 그것만으로 충분히 사랑을 받을 수 있다.

집착을 끊어야 역경에 강해진다

_____ 사람을 제대로 보는 눈이
_____ 있어야 한다

역경에 강한 사람은 바람직한 인간관계를 구성한다. 또는 바람직한 인간관계를 만들어가려고 노력한다. 이것이 역경에 강한 사람의 매우 중요한 특징이다. 이들은 자신의 자발적인 의사를 바탕으로 타인과 원만한 관계를 유지하려 하기 때문에 바람직한 인간관계를 형성할 수 있다.

하지만 역경에 약한 사람은 상대방에게 '좋은 사람'으로 보이기 위해 원만한 관계를 유지하려 하기 때문에 바람직한 인간관계를 형성할 수 없다. 이들은 지금 해결해야 할 문제를 외면하고 타인에게 잘 보이기 위한 생활을 한다. 역경에 강한 사람은 그런 행동을 하지 않는다.

화려한 브랜드 옷을 걸치고 "정말 멋져요."라는 말을 듣는다고 해도 그뿐이다. 그런 말은 아무런 도움이 되지 않는다. 물론 현재의 역경도 해결되지 않는다. 힘을 잃고 죽어가고 있는데 "정말 멋져요."라는 말이 무슨 소용이 있겠는가.

현실로부터 도피하면 현재 상황이 늪지대의 진흙탕이라도 자신은 깨끗한 물로 채워진 수영장에서 수영을 하고 있다고 생각할 수 있다. 하지만 결국에는 그곳 역시 늪지대 안에 인위적으로 만들어진 수영장이라는 사실을 깨닫게 된다. 그 수영장의 물이 마르면 결국 늪지대로 변해버리기 때문이다.

역경에 부딪혔을 때 사람들은 "힘들겠어요."라고 말해줄지 모르지만 단순한 위로에 지나지 않는 그런 말은 역경을 해결하는 데에 아무런 도움이 되지 않는다. 행운을 가져다주지도 않는다. 입에 발린 위로의 말을 하는 사람은 궁지에 빠진 사람을 부추겨 더욱 잘못된 길로 유인할지도 모른다. 컬트 집단의 유혹에 빠져 지옥으로 향하는 사람을 보면 알 수 있을 것이다.

힘이 들 때 사람을 잘못 만나면 행운은 더 멀리 도망쳐버린다. 그런데 힘든 사람, 인간적인 접촉이 없는 사람은 유혹의 의미를 잘못 이해한다. 열등감이 심한 사람은 유혹을 당하면 즉시 기분이 좋아진다. 유혹을 당하고 있는 것인지, 속고 있는 것인지 구분을 할 줄 모르기 때문이다. 유혹을 받는 것과 인정을 받는 것은 다르다. 특별한 이유 없이 먼저 다가오는 사람은 대부분 진정성이 없다. 주변을 둘러보면 이해할 수 있을 것이다.

열등감이 있는 사람이나 고민에 사로잡힌 사람은 늘 인정받고 싶어 한다. 그리고 인정을 받으면 기뻐한다. 그렇기 때문에 유혹을 당하고 있다는 사실을 모른다. 유혹을 당하는 것과 인정을 받는 것은 다르지만 역경에 약한 사람은 유혹을 당하고 있는 것인지, 인정을 받는 것인지 구분할 줄 모른다.

다시 한번 말하지만 역경에 강한 사람은 바람직한 인간관계를 만든다. 히긴스도 그 점을 강조했다. 그것이 역경에 강한 사람의 큰 특징이다. 이들은 자신이 역경에 놓이더라도 확실하게 사람을 구분할 줄 안다.

누구나 역경에 부딪힌다. 역경에 강한 사람은 '역경에 처하더라도 잘못된 행동을 하지 않는 사람'이다. 그 이유 중 하나가 성실한 사람과 성실하지 않은 사람을 구분하는 자세에 있다.

역경에 부딪히면 '현재의 나의 고통은 무엇일까?' 하고 생각해보아야 한다. 자신의 주변에 있는 사람과 신뢰가 형성되어 있지 않아서가 아닐까? 마음이 통하지 않아서가 아닐까? 뱀을 뱀이라고 분별할 줄 몰라서가 아닐까? 회피하지 않고 집중해서 살펴보면 근본적인 원인이 보일 것이다.

_____ 외로움에

_____ 무릎 꿇지 말아야 한다

질 나쁜 사람은 상대방에게 공포심과 불안감을 안겨주면서 자신의 위치를 유지한다. "이렇게 있으면 큰일 납니다."라는 말로 상대방을 불안에 빠뜨린다.

역경에 약한 사람에게 선물하고 싶은 말이 있다. 그것은 "외로움에 무릎 꿇지 말라."는 것이다. 교활한 사람은 상대방에게 공포심과 불안감을 던져 자신의 위치를 유지하려 한다. 즉, 상대방이 자신에게 매달리도록 만든다. 그것이 컬트 집단의 상투적인 수법이다. 이들은 역경에 부딪힌 사람을 부추기거나 두려움을 주거나 불안하게 만드는 방법으로 상황을 조작하고, 그 사람으로부터 단물을 빨아먹는다. "사람이 목을 매다는 상황에서 돈을 거머쥔다."는 식이다.

외로울 때 운은 멀리 도망간다. 외로움에 무릎 꿇지 말아야 한다. 이것이 운을 만들어내는 방법이다. 이것이 역경을 이겨내는 방법이다.

역경에 약한 사람은 어떤 일이건 반드시 끝이 있다는 사실을 모른다. 어떤 직함이건 반드시 내려놓을 때가 오는데도 직함에 집착한다. 집착을 하면 불안해진다. 무엇인가에 집착하면 운이 다가오지 않는다. 역경에 강한 사람은 집착하지 않는다.

'이것밖에 없어.'라고 생각하기 때문에 거기에 집착하는 것이다. 실제로는 그 이외에도 많은 길이 있다. 과거에 얽매여 미래를 잃어서는 안 된다. 일어서고 싶으면 버려야 한다. 죽을 때 가져갈 수도 없는 것들이다.

역경에 약한 사람은 특정 대상에 얽매인다. 그것이 없으면 살 수 없을 정도로 소중하게 여긴다. 그러나 사실 그런 것은 없는 쪽이 훨씬 더 행복해질 수 있다. 또 줄기차게 매달리는 대상이 있다고 할 때 사실은 그 대상이 사라지는 쪽이 훨씬 더 행복해질 수 있다. 역경에 약한 사람은 항상 행복해질 수 없는 것들, 자신을 불행하게 만드는 것들에만 매달린다.

_____ 자신을 불행하게 하는 것에
_____ 매달려서는 안 된다

사람에게는 인연이라는 것이 있다. 사람은 인연 속에서 살고 인연 속에서 죽어간다. 그렇기 때문에 좋은 인연 속에서 죽을 수 있는 사람은 행복한 사람이다. 역경에 강한 사람은 좋은 인연을 소중히 여기면서 살아간다. 이것도 중요한 포인트다. 아무리 능력 좋은 사장이라고 해도 언젠가는 사장 자리에서 물러나야 할 때가 온다. 그때 주변 사람들이 그 사람에게 어떤 태도를 보이는가 하는 것으로 좋은 인연인지 나쁜 인연인지 확인할 수 있다.

영원히 사장 자리에 앉아 있는 사람은 없다. 죽지 않는 관료도 없다. 그런데 역경에 약한 사람은 그것을 착각한다. 과거의 영광에 집착하는 사람은 역경에 약한 사람이다. 그런 사람들은 영광을 잃었을 때에 전진하지 못한다.

"내가 대통령이었어!"라고 말해도 대통령 자리에서 물러나면 아무도 도와주지 않는다. '나는 내세울 게 없어.'라는 생각이 들었을 때, 교활한 사람은 그 사람을 도와주지 않는다. 대통령을 도와주었던 이유는 거기에 이익이 있어서다. 그렇기 때문에 모든 사람들이 그에게 모여들었던 것이다.

마지막에 운이 나빠지는 사람은 어떤 일, 어떤 지위도 반드시 끝이 찾아온다는 사실을 깨닫지 못하는 사람이다. 사장이건 관료이건 어떤 직함도 반드시 끝이 찾아온다. 그때 "나는 ○○였어!"라고 말한다 해도 아무도 도와주지 않는다.

교활한 사람은 내세울 게 없는 상황에 놓인 사람은 도와주지 않는다. 그런데도 사람들은 현재의 직함에 집착한다. 집착하면 불안해진다. 무엇인가에 집착하면 운이 다가오지 않는다. 역경으로부터 벗어날 수 없다.

나에게 힘이 있을 때 먼저 다가오는 사람은 대부분 성실하지 않은 사람이다. 내가 나이를 먹고 질병에 걸렸을 때 병원비를 내줄 수 있는 사람, 그런 사람이 질이 좋은 사람이다. 그 사실을 알고 있는 것과 모르는 것이 역경에 강한 사람과 역경에 약한 사람의 차이다.

몇 번이나 말했듯이 역경에 강한 사람은 긴 인생이라는 시간적 틀 안에서 현재의 체험을 포착한다. 그렇기 때문에 역경은 그들에게 더 이상 역경이 아니다. 반대로 순풍에 돛을 달고 달릴 때에도 그들은 오만해지지 않는다. 그런 상황도 끝이 존재한다는 사실을 잘 알고 있기 때문이다.

_____ 자만하지 않고

_____ 매일 다양한 경험을 축적한다

앞에서 "역경에 강한 사람은 바람직한 인간관계를 형성한다."
라고 했다. 역경에 부딪혀도 불굴의 의지를 가진 아이는 인간관
계를 넓혀간다. 이런 아이는 친구들과도 친밀한 관계를 구축한
다.[29]

충분히 혜택받지 못한 환경에서, 다시 말하면 역경 속에서 성
장한 아이는 자만하지 않고 매일 다양한 경험을 축적한다. 자신
감은 곤란한 상황을 이겨내는 과정에서 탄생한다. 자만하는 사
람에게는 이러한 체험이나 경험이 없다.

이러한 경향은 혹독한 환경 속에서 자라는 동안 좋은 의미에
서 스스로의 힘으로 자신을 지키려 하는 의지가 생겨나고, 그
결과 좋은 사람을 구분할 줄 아는 능력이 발달되는 것이라고
생각할 수 있다.

역경에 약한 사람은 마법의 지팡이를 바라기 때문에 좋은 사
람을 구분할 줄 아는 눈이 생겨나지 않는다. 그들에게는 좋은
인간관계를 구축할 능력이 없다. 마법의 지팡이를 바라기 때문
에 컬트 집단에 이끌린다.

역경에 약한 사람은 유괴범에게 끌려가는 아이와 비슷하다.

"맛있는 거 사 줄게."라는 범인의 말을 듣고 순순히 손을 내민다. "아저씨가 재미있는 곳에 데려가서 맛있는 사탕 사줄게."라는 말에 주저하지 않고 따라간다.

유괴범은 아이와 싸우지 않는다. 아이가 기분 좋아하는 말을 해서 꼬여내는 것이 목적이기 때문이다.

_____ 편안한 길을 선택하기 때문에

_____ 약해진다

    운이 좋지 않은 사람은 인간관계를 바꾸어야 한다. 역경에 부딪힌 사람은 현 상태에서는 행운을 거머쥐기가 어렵다. 만약 지금 쉰 살이 넘었다면 아무리 냉정하다는 말을 듣더라도 불성실한 사람들과의 관계를 끊어야 한다. 불성실한 인간관계를 끊으면 운이 찾아온다. 역경에 강한 사람은 이것을 할 수 있다. 역경에 약한 사람은 이것을 할 수 없다. 인간관계를 바꾸려면 에너지가 꽤나 필요하기 때문이다.

    역경에 약한 사람은 설사 마음에 들지 않는 사람이 있어도 '그 사람도 언젠가 변할 거야.'라고 생각하는데, 그 이유는 지금의 인간관계를 바꾸지 않는 것이 심리적으로 편하기 때문이다. 이들은 항상 편한 쪽을 선택한다. 그들은 늘 편한 길을 선택해 왔기 때문에 역경에 약한 사람이 된 것이다. 그래서 현재 자신에게 좋은 사람, 현재 자신에게 잘해주는 사람에게 마음을 빼앗겨 버린다.

    타인을 속이거나 함정에 빠뜨리는 사람은 좀처럼 바뀌지 않는다. 그것은 성격이기 때문이다. 역경에 약한 사람은 그 사람들도 언젠가 바뀔 것이라고 생각하지만 바뀌지 않는다. 그 이유는 그들이 사람을 속이는 행위, 이용하는 행위를 통해서 얻을 수 있는 단물의 맛을 알고 있기 때문이다. 다른 사람을 착취하여 살아가는 사람, 사람을 이용해서 살아가는 사람은 그렇게 간단히 바뀌지 않는다. 단, 그들도 늙어서는 불행해진다.

자신이 역경에 약한 사람, 운 나쁜 사람이라고 생각한다면 냉정하다는 말을 듣더라도 지금 당장 현재의 인간관계를 끊어버려야 한다. 바람직하지 않은 인간관계를 정리하면 운이 찾아온다고, 역경으로부터 재기할 수 있다고 생각할 수 있어야 역경에 강한 사람이다. 역경에 약한 사람은 이런 생각을 하지 못한다. 그들은 스스로 역경을 불러들이는 사람이다.

삶에 지친 사람은 지금 편하기 위해 가치 없는 것들은 붙잡는다. 그리고 질 나쁜 사람에게 이용을 당함으로써 더욱 지쳐버린다. 삶이 더욱 고통스러워진다. 현재 편하게 지내고 싶어 하는 사람은 현실로부터 도망치는 사람임을 기억해야 할 것이다.

역경에 약한 사람은 지금까지의 자신의 삶을 되돌아보면 현재가 편할 리가 없는데도 편하게 지내려 한다. 맛있는 음식을 먹으려 하고 숙면을 취하려 한다. 그래서 잠들기 전에 술잔을 기울이고, 더욱 잠을 잘 수 없는 상황에 놓인다.

변화가 두렵다. 인간관계의 변화가 두렵다. 그 마음은 충분히 이해한다. 그러나 변화를 통하여 현재의 상황을 이겨내면 '변화는 중요한 것'이라는 중요한 사실을 깨닫게 된다. 변화가 없으면 전진할 수 없다. 역경에 부딪혔을 때에는 변화의 흐름을 탈 수 있어야 한다.

운은 스스로 붙잡는 것이다. 역사를 공부하면 그 사실을 잘 이해할 수 있을 것이다. 역경에 약한 사람 주변에도 순박한 사람들은 많이 있다. 주변에 불성실한 사람만 있는 것은 아니다. 하지만 역경에 약한 사람은 순수한 사람보다 불성실한 사람을 선택한다.

개미에게는 개미처럼 대응해야 한다. 여우에게는 여우처럼 대응해야 한다. 그것을 알지 못하기 때문에 속는다. 질 나쁜 사람에게는 선량한 사람의 태도를 취해서는 안 된다. 반드시 속기 때문이다. 속으면 누구나 후회한다. 그렇다고 해서 마음에 증오를 품으면 나중에 본인이 더 괴로워진다.

어차피 이 세상에 태어났다면 새로운 인생을 개척해보자. 역경을 이겨내고 전진해보자.

현재를 살아가는 사람만이 성장할 수 있다

_____ 자신을 지킬 수 있는 사람이
_____ 되어야 한다

　역경에 강한 사람은 스스로 자신을 지키려 한다. 그렇기 때문에 상대방이 보인다. 역경에 강한 사람은 상대방이 어떤 사람인지 구분할 줄 안다. 그런데 누군가가 자신을 지켜주기를 바라면 상대가 보이지 않는다. 지켜주기를 바라는 것은 역경에 약한 사람의 특징이다.

　사람을 볼 때는 "이 사람, 리스크를 짊어질 수 있는 사람인가?" 하고 생각해보아야 한다. 사람은 누구나 생산성과 능력을 가지고 있다. 역경에 강한 사람은 그 능력을 살릴 줄 알지만 역경에 약한 사람은 그것을 살릴 줄 모른다.

　《브레인 스타일Brainstyles》이라는 책을 번역한 적이 있는데 이 책에는 경제적으로도 심리적으로도 혜택받지 못한 환경에서 자랐지만 '유능하고 자신감이 넘치며, 마음이 따뜻한 청년으로 자란' 사람들에 대한 연구 결과가 소개되어 있다. 역자인 나 자신도 믿기 어려운 이야기였지만 그런 사람들이 실제로 있었다. 히긴스도 이 연구 결과와 비슷한 이야기를 소개했다.

　그들의 공통점은 무엇일까? 저자인 말린 밀러Marlane Miller가 소개하는 세 가지의 유사성 중에서 첫째로 거론하는 것은 "유아기에 긍정적인 아이들은 자신의 환경을 관리하고 있었다. 특별한 재능은 없었지만 이 아이들은 자신이 가진 능력을 효과적으로 사용했다."[30]는 것이다.

혜택받지 못한 환경에서도 훌륭한 청년으로 자란다는 기적적인 결과가 나타나는 이유는 그들이 '자신이 가지고 있는 능력을 효과적으로 사용했기' 때문이다. 이처럼 사람은 누구나 능력을 가지고 있다. 문제는 그 능력을 활용할 줄 아는가다. 역경에 강한 사람은 자신이 가진 능력을 효과적으로 활용한다. 하지만 역경에 약한 사람은 가지고 있는 능력을 효과적으로 사용하지 못한다.

좋은 환경에서 자라지 못한 아이들 중에 자신이 가진 능력을 효과적으로 활용하는 아이가 존재하는 이유는, 그들이 자신의 능력으로 스스로를 지키려 했기 때문이다. 자신의 능력을 방어적이 아니라 적극적으로 사용했기 때문이다.

_____ 자신을 소중하게 여기며
_____ 살아야 한다

　바람직하지 못한 인간관계는 건강할 때 끊어내야 한다. 냉정하게 끊어버려야 한다. 나약해진 후에는 힘들다. 불성실한 사람과의 인연을 끊고 새로운 사람을 상대하면 지금까지 상대해온 사람들이 얼마나 불성실한 사람들이었는지 알게 된다. 그들이 얼마나 자신을 더럽혔는지 깨닫게 되는 것이다.

　매달리는 사람은 나약하다. 그들은 상대방이 좋아서 매달리는 것이 아니다. 무엇인가를 얻기 위해 매달린다. 그리고 대부분은 그렇게 '매달린' 상태에서 죽어간다.

　역경에 약한 사람은 변화를 두려워한다. 자신을 소중하게 여기며 살지 않는다. '지금만 편하면 돼.'라고 생각하는 사람은 자신을 소중하게 여기며 살고 있는 사람이 아니다. 그렇게 말하는 사람은 갈수록 삶이 고통스러워진다. 지금까지의 삶을 되돌아보면 편할 리가 없는데, 편할 수가 없는데 편하게 살려고 한다. 하지만 역경에 부딪힌 상황에서 편안한 생활을 원하면 불행을 붙잡게 될 뿐이다.

　성실한 사람들은 지금 편하게만 살고 싶어 하는 사람을 결국 떠나버린다. 역경에 약한 사람들은 '누가 좋은 사람인가'를 구분할 줄 모르기 때문에 불성실한 사람들을 선택하게 되고, 성실한 사람들은 이들을 떠나버리는 것이다. 이것이 인생의 비극이다. 사람은 자기도 모르는 사이에 지금 자신에게 상처를 입히지 않는 사람을 '좋은 사람'이라고 착각한다.

역경에 강한 사람은 다음과 같은 사실을 잘 알고 있다.

"지금 편안한 사람은 모든 것을 긍정적으로 받아들였기 때문에 편안할 수 있는 것이다."

따라서 지금 편안한 사람을 보고 질투 같은 것은 하지 않는다. 지금 편안한 사람은 과거에 그에 어울리는 행동을 한 사람이라는 사실을 잘 알고 있기 때문이다.

사람에게는 각각의 운명이 있다. 현재를 확실하고 올바르게 살면 지금은 역경에 부딪히는 상황이 생길지 몰라도 언젠가는 반드시 좋아진다. 유념해야 할 것은 역경에 부딪힌 지금의 상황과 맞서 싸우며 마음에 증오를 남기지 말아야 한다는 것이다.

살아간다는 것은 좋고 나쁜 다양한 체험을 있는 그대로 받아들이는 것이라고 생각할 수 있어야 역경에 강한 사람이다. 회복력이 갖추어져 있는 사람은 경험으로부터 의미를 적극적으로 발견하는 과정을 통하여 인생의 관록을 만든다. 불안정한 인생을 안정적으로 만든다.[31]

변화를 두려워하는 마음은 충분히 이해한다. 그러나 역경에 부딪혔을 때 변화를 두려워해서는 행운을 거머쥘 수 없다. 현재의 힘든 상황을 이겨내면 '변화는 중요하다'는 사실을 깨닫게 될 것이다. 그리고 변화가 그렇게 두려운 것이 아니라는 사실을 깨달았을 때 역경은 행운으로 바뀐다.

운이 좋은 사람은 변화가 발생하면 최악의 사태를 상상하고 각오할 줄 아는 사람이다. 각오를 하기 때문에 마음을 편하게 유지할 수 있다. 그리고 망설이지 않기 때문에 능력을 발휘할 수 있다. 그러나 역경에 약한 사람은 각오를 하지 못하기 때문에 능력을 제대로 발휘하지 못한다.

_____ 현재의 체험을
_____ 포착해야 한다

　역경에 부딪혔을 때 행운을 거머쥐려면 현재의 자신을 편하게 만들어서는 안 된다. 현재의 자신을 배려해서는 안 된다. 지금 힘들더라도 자신이 끌어안고 있는 문제를 정리해야 내일의 행운을 거머쥘 수 있다. 역경에 부딪혔을 때 현재를 올바르게 살아가면 운은 반드시 좋아진다. 아무리 고통스러워도 역경을 반드시 이겨낼 수 있다.

　살아간다는 것은 다양한 체험을 있는 그대로 받아들이는 것이다. 살아간다는 것은 같은 위치에 머물러 있지 않는다는 것이다. 자신을 늘 피해자라고 생각해서는 역경을 이겨낼 수 없다.

　역경에 약한 사람은 역경에 부딪혔을 때 현재의 자신에게 편한 사람에게, 현재의 고통스러운 자신을 즐겁게 만들어주는 사람에게 정신을 빼앗긴다. 성실한 사람에게는 눈길이 가지 않는다. 성실한 사람은 그 사람에게 문제를 해결할 수 있는 방법을 알려주려 하고 그것을 실행하는 데 힘이 필요하다는 말을 해준다. 역경에 약한 사람은 그런 말이 듣기 싫어서 피하려 한다. 그리고 나이를 먹은 뒤에 후회한다.

　현실로부터 도피하는 삶은 마지막에 '빚'을 갚아야 한다. 죽

어갈 때 무엇인가 해보려고 해도 그때는 늦어버린 뒤다. 행운과 불행은 주변에 누가 있는지에 따라 판단할 수 있다. 죽어갈 때의 상황은 살아오는 동안 자신이 만들어놓은 것이다.

마지막으로 또 한 가지, 역경에 부딪혔을 때 운명을 개척하려면 체력이 필요하다. 자신의 불행을 고민하기 전에 우선 체력을 길러야 한다. 사람은 감기만 걸려도 마음이 위축된다.

역경에 강한 사람은 식사를 중요하게 여긴다. 반면 우울증에 걸린 사람은 식욕이 없다. 역경에 강한 사람은 "즐겁게 먹자."는 말을 하는 사람이다. 역경에 약한 사람에게는 그런 마음의 자세가 없다.

또 역경에 강한 사람은 자신이 해결해야 할 과제를 알고 있기 때문에 어떤 상황에서도 도피하지 않는다. "아직 이러이러한 문제가 해결되지 않았어."라고 스스로를 다독인다.

앞에서 소개한 책에 등장한, 혜택받지 못한 환경에서 성장했지만 심리적으로 건강한 아이들은 자신들의 환경을 스스로 관리할 수 있었다고 한다. '이러이러한 문제가 해결되지 않았어.'라고 생각할 줄 알았다는 뜻이다.

물론 해결되지 않은 문제가 있다는 사실을 알아도 해결할 수 없는 경우도 있다. 그럴 때에는 그 문제를 생각하며 밤새 고민한다고 해도 어차피 해결할 수 없는 것이니까 일단 잊어버린다. 그리고 다음 날 일어나면 그날 하루를 최선을 다해 살아간다. 오늘 하루를 최선을 다해 사는 것이다. "지금 이 순간이 인생이다!" 이 사고방식이 역경에 강한 사람의 철학이다.

역경에 약한 사람은 일상생활이 분명하지 않다. 그 이유는 '현재를 살 수 없기' 때문이다. 오늘 하루를 최선을 다해 살려면 어떻게 해야 할까? 10년 후의 자신을 생각한다면 현재 어떻게 행동해야 좋을지 알 수 있을 것이다. 그것이 운을 불러일으키는 방법이다. 그것이 역경에 강한 사람의 선택이다. 그리고 이것이 내가 지금까지 되풀이해온 "역경에 강한 사람은 긴 인생이라는 시간적 틀 안에서 현재의 체험을 포착한다."는 말의 의미다.

지금 당장 좋은 일을 시작하지 않으면 앞으로도 좋은 일은 할 수 없다. 날마다 좋은 일이 쌓여야 자신이 살고 있는 환경에 강인한 뿌리를 내릴 수 있다. 역경에 강한 사람은 최악의 사태를 예측할 수 있으며 망설이지 않기 때문에 마음을 편하게 유지할 수 있다. 마음이 안정되어 있기 때문에 능력을 발휘할 수 있고 고민하지 않는다. 하지만 역경에 약한 사람은 최악의 사태를 두려워하기 때문에 늘 최악의 사태를 초래한다.

_____ 행운을 기다리지 않고
_____ 스스로 움직인다

"행운이 찾아오면 자리를 양보하라."는 격언이 있다. 일리 있는 말이다. 그러나 역경에 강한 사람의 발상은 자신의 실력을 뛰어넘는 행운이 찾아오면 불행이라고 생각한다는 것이다. 역경에 강한 사람은 100가지 행운이 찾아오면 50으로 만든다. 그리고 나머지는 기부를 하거나 투자를 한다. 그런데 역경에 약한 사람은 100가지의 행운이 찾아오면 100가지를 모두 사용한다. 그리고 몇 년이 지난 뒤에 "너무 욕심을 냈어."라며 후회한다.

복권에 당첨되었는데 얼마 안 가서 불행해지는 경우가 있다. 미국의 ABC 뉴스가 1998년 1월에 '행복의 신비'라는 특집 프로그램을 방영했다. 나에게는 매우 흥미 있는 내용이었다.

먼저 복권에 당첨된 사람들을 인터뷰하는 장면이 나온다. 하지만 모두 행복해지지는 않았다. 대부분 불행한 얼굴이었다. 캐스터는 복권에 당첨된 사람을 조사하면서 알게 되었다면서 다음과 같은 말을 했다.

"복권에 당첨되고 나서 1년이 지난 후에는 당첨되기 전보다 행복한 상태가 아니었습니다."

어떤 사람은 복권에 당첨되었을 때 한동안 꿈을 꾸는 것 같은 기분이었다고 말했다. 그러나 아내와 이혼했고 큰돈을 들여 재혼을 했지만 그 생활도 5년을 넘기지 못했다. 어떤 사람은 복권에 당첨되었을 때 감각이 마비되는 느낌이었다고 말했다. 그 사람 역시 복권에 당첨되고 2년 후에 이혼을 했다.

복권에 당첨이 되었는데 왜 대부분 그 후의 인생이 불행해지는 것일까? 이것은 행복의 본질이 무엇인지를 보여준다. 복권에 당첨된다는 것은 의지력과는 관계가 없는 일이다. 그것이 불행해지는 원인이기도 하다. 사람은 성공을 했다고 해서 자신감이 갖추어지는 것은 아니다.

이미 설명했듯 역경에 강한 사람은 프로액티브 성향이다. 즉, 스스로 움직인다. 스스로 일을 한다. 역경에 강한 사람의 특징 가운데 하나는 스스로 움직인다는 것이다. 가만히 앉아서 행운을 기다리지 않는다.

사업을 일으켰다가 실패했다고 하자. 역경에 강한 사람은 '실패했기 때문에 지금 살아 있는 거야.'라고 생각한다. 하지만 역경에 약한 사람은 실패를 통하여 아무것도 배우지 못한다.

역경에 강한 사람의 사고방식을 갖추면 누구든 역경을 이겨낼 수 있다. 믿어도 좋다.

행복해지는 사람에게는 용기가 있다

_____ 회복력이 있어야

_____ 스스로를 믿는다

회복력 연구에 힘쓴 히긴스에 의하면, 역경에 대한 회복력은 선천적인 것만이 아니라고 한다.

"회복력은 다면적인 현상이며 선천적인 것과 후천적인 것, 양쪽 모두로부터 영향을 받는다. 따라서 선천적인 것이기도 하며 후천적인 것이기도 하다."[32]

그리고 회복력이 있는 사람을 다음과 같이 정의했다.

"성장하기 위해 중요한 도전 과제를 뛰어넘을 수 있는 사람이다."

즉, 자신이 성장함에 따라 직면하게 되는 중요한 일들을 완수하기 위해 역경이나 곤란에 당당하게 맞서서 물고 늘어지는 사람이다. '당당하게 맞서서 물고 늘어진다'의 영어 표현은 '스냅 벅snap buck'이다.[33]

이것을 믿는 사람이 역경에 강한 사람이다. 역경으로부터 회복할 수 있다고 생각하지 않으면 회복할 수 없다. 역경에 강한 사람이 되고 싶은가, 역경에 약한 사람으로 인생을 끝낼 것인가. 그것은 자신이 결정하는 수밖에 없다.

앞에서 히긴스가 회복력을 갖춘 40명의 사람을 인터뷰했다는 내용을 소개했다. 히긴스가 회복력이 있는 사람으로 선택한 40명의 기준을 살펴보면, 그들에게는 상호성이 있으며 자신은 물론이고 상대방에 대해서도 관심을 가지고 있다. 그런 인간관계를 구축하고 유지할 수 있는 사람들이다.[34]

이런 사람들은 타인에게 의존하는 마음이 없다. 남에게 받기만 하는 것이 아니라 자신에게도 역시 상대방을 위해 무엇인가를 해주려는 자세가 갖추어져 있다. 이 자세가 갖추어져 있으면 우울증도 치유된다.

상대방에게 관심이 있다는 것은 나르시시스트가 아니라는 뜻이다. 자기 집착이 강하지 않다는 것이다. 이에 히긴스는 다음과 같이 말하고 있다.

"필요성이 충족되지 않을 때에 발생하는 갈등, 실망, 분노, 욕구불만 등을 견뎌낼 수 있다. 갈등은 적극적으로 이겨낼 수 있다."[35]

역경에 강한 사람은 역경에 부딪히면 단지 한숨만 쉬고 앉아 있지 않는다. 고민에 빠져 있는 사람처럼 해결할 의지가 없는 나약한 모습을 보이지 않는다. 그들에게는 해결할 의지가 확실하게 갖추어져 있기 때문이다. 매일 한숨만 내쉬어서는 아무런 변화도 일어나지 않는다. 이것을 알고 있는 사람이 역경에 강한 사람이다.

_____ 자기 자신의 가치를

_____ 믿는다

　자신은 역경에 약하다고 생각하는 사람이 갑자기 회복력 있는 사람이 되려고 하면 무리가 올 수도 있다. 역경에 약한 사람이 회복력을 갖추려면 어느 정도 시간이 걸린다. 따라서 피곤하면 쉬어야 한다. 서두르지 말아야 한다. 인생에 의미 없는 시간은 없다. 쉬는 것도 의미 있는 시간이다. 무리해서 노력해봐야 능률만 떨어질 뿐이다.

　무리하지 않아도 손에 넣을 수 있는 것이 있다면 '스스로를 이해하는' 것이다. 정말로 필요한 노력은 '스스로를 이해하는 노력'이다. 역경에 강한 사람이 되려면 현실적인 자신을 직면하기 위해 노력해야 한다. '나는 신경증에 걸려도 괜찮아.'라는 생각에서부터 출발할 필요가 있다.

　역경에 약한 사람은 자기에 대한 평가가 낮다. 지금까지 꽤 대단한 일들을 다양하게 경험했으면서도 자신이 그런 존재라는 사실을 깨닫지 못한다. 좋지 못한 환경에서 자랐지만 지금까지 그런대로 살아왔다는 것은 다양한 문제를 해결해왔다는 뜻이다. 그러나 그런 경험들이 의미 있었다고 생각하지 못하기 때문에 스스로를 제대로 평가하지 못한다. 자신을 받아들인다는 것은 자신이 어떤 존재이든 그런 자신의 가치를 믿는 것이다.

순수하고 성실하게 살아왔기 때문에 매력이 있다. 고통스러운 인생을 필사적으로 살아온 역사가 역경에 약한 사람의 뒷모습에 짙게 배어 있다. 역경에 약한 사람은 자신이 얼마나 훌륭한 인물인지를 모른다. 자신의 훌륭한 장점을 깨닫지 못한다.

이들은 결과에만 얽매이는 사람이다. 과정을 살펴보면 그들은 정말 훌륭한 인물이다. 그것만 이해하면 역경에 약한 사람에서 역경에 강한 사람으로 바뀔 수 있다. 회복력이 있는 사람에게 살아가는 방법을 배워야 한다. '이 힘든 상황을 뛰어넘고 싶어! 이 힘든 상황에서 벗어날 수 있는 방법을 가르쳐줘!'라는 마음으로 회복력을 가진 사람을 대하면 된다.

_____ 단점을

_____ 애써 감출 필요는 없다

삐치고 화를 내고 허세를 부려도 사랑은 손에 넣을 수 없다. 그리고 '척하는' 행동은 하지 말아야 한다. '척'을 해서는 아무것도 해결되지 않는다. 예를 들어 좋아하는 척, 싫어하는 척, 만족한 척, 사랑하는 척을 해서 무슨 도움이 될 것인가. 오늘만이라도 이런 '척하는' 행동은 하지 말자. '척'을 하지 않아야 사랑을 받을 수 있다.

불평을 늘어놓기 전에, 남을 원망하기 전에 사고방식을 바꾸고 생활 방식을 바꾸어보자. 생각을 조금만 전환하면, 조금만 연구를 하면, 조금만 적극적으로 행동하면 그렇게 걱정하지 않아도 잘 살아갈 수 있다.

단점을 애써 감추는 사람은 역경에 약한 사람이다. 그러나 단점을 단점으로만 보지 않는 사람은 역경에 강한 사람이다. 역경에 강한 사람과 역경에 약한 사람의 차이는 그렇게 크지 않다.

부모답지 못한 부모 밑에서도 잘 살아왔다는 데에 감사해야 한다. 이것이 역경에 강한 사람의 사고방식이며 살아가는 자세다. 부모답지 못한 부모 밑에서 자라 용서할 수 없다고 여기는 것, 이것이 역경에 약한 사람의 사고방식이며 살아가는 자세다.

고통스러운 인생이었다. 하지만 인생에 감사한다. 이것이 역경에 강한 사람의 사고방식이다. 고통스러운 인생이었다. 그래서 죽고 싶다. 이것이 역경에 약한 사람의 사고방식이다.

자신이 신경증 상태였다고 하자. 그럴 경우 '내가 신경증에 걸려 있었다는 사실을 스스로 깨달았다는 게 대단한 거야.'라고 생각한다. 이것이 역경에 강한 사람의 사고방식이며 살아가는 자세다. "나는 신경증 따위에는 걸린 적이 없어."라고 부정하고 인정하지 않는 건 역경에 약한 사람의 사고방식이다.

만약 자신이 거짓말쟁이라면 거짓말쟁이라는 사실을 인정하고 고치면 된다. 이것이 역경에 강한 사람의 사고방식이다. 그렇지 않다고 자기부정을 해버리면 지금까지 살아온 것이 의미가 없다. "나는 거짓말쟁이야. 비겁해. 그래서 아무것도 되는 일이 없어."라는 말도 알고 보면 자신이 거짓말쟁이라는 사실을 인정하지 않는 사고방식이다.

미인이 아니라고 하자. 미인이 아니라는 사실 때문에 열등감을 느낀다. 이것이 역경에 약한 사람의 사고방식이다. 미인은 아니지만 자신이 여러 가지 다른 면에서 장점이 있다고 생각하는 것이 역경에 강한 사람의 사고방식이다.

역경에 강한 사람은 승리를 거둔 사람이 아니다. 패배했을 때

패배를 깨끗하게 인정할 줄 아는 사람이다. 역경에 약한 사람도 마찬가지로 패배한 사람이 아니다. 패배했을 때 패배를 깨끗하게 인정하지 않고 이유와 변명을 늘어놓는 사람이다.

　사람은 실패를 해서 미움을 사는 것이 아니다. 실패한 자신을 받아들이고 인정할 줄 모르기 때문에 미움을 사는 것이다. 반면 역경에 강한 사람은 실패를 받아들이는 그들의 태도로 인해 자연스럽게 사랑을 받게 된다.

_____ 인생은
_____ 길다

　회복력이 갖추어진 사람, 즉 역경에 강한 사람은 사물을 볼 때 피해자 의식을 가지고 포착하지 않는다. 교류 분석에서 말하는 '자신의 상황을 과장함으로써 타인의 동정이나 관심을 이끌어 내려 하는 교류'는 하지 않는다. 무슨 일이 있을 때마다 자신을 피해자나 비극의 주인공처럼 내세우는 교류 방식은 역경에 약한 사람이 가진 습성이다.

　"나는 가혹한 환경 속에서 단련이 된 사람이야. 정말 대단해." 라고, 자신의 과거 역사를 빛나는 투쟁의 역사로 받아들여야 한다. 특히 유아기, 청소년기가 그렇다. 이때의 환경은 사람에게 심각한 영향을 끼친다. 이 시기를 견뎌내면서 지금까지 잘 살아 왔다면 "나는 그 힘든 상황도 견뎌냈어. 그렇기 때문에 지금의 나로도 충분하고 만족해."라고 생각해야 한다.

　어린 시절에 어머니의 충분한 사랑을 받은 적이 없고 육체적, 정서적으로 학대를 받았다 해도 역경에 강한 사람은 '나는 이 정도의 심리적인 질병을 끌어안고도 지금까지 잘 살아왔어. 훌륭해. 이 정도 마음의 병은 누구에게나 당연히 있는 거야.'라고 생각한다.

어린 시절부터 가혹한 환경에서 살아왔는데도 심리적으로 건강하다면 태양은 서쪽에서도 떠오를 것이다. 불판 위의 물고기도 춤을 출 것이고, 전신주에도 꽃이 필 것이다. 현재의 자신에게 어느 정도 심리적으로 문제가 있다고 해도 지금 상태로 충분하다. '그래, 이걸로 됐어.'라고 생각하고 살아가면 된다.

어린 시절의 역사를 '가혹한 환경 속에서 단련되어온' 투쟁의 역사로 받아들인다는 원칙은 어른이 돼서도 적용해야 한다. 환경이 좋지 않은 회사에 취직했다. 영업 활동이 너무 힘이 든다. 이때 회복력이 갖추어져 있는 사람은 "이걸로 됐어. 나는 충분히 단련되었고 이만큼 성장했어. 이 회사에서 많은 것을 배웠어."라고 받아들인다.

저자와 출판사의 관계로 생각해보자. 출판사가 '책은 그 책의 가치에 의해 팔리는 것입니다. 가치가 있는 책은 영업을 하지 않아도 팔립니다.'라고 생각했다고 하자. 그리고 실제로 아무런 영업을 하지 않았다. 그런 출판사와 계약을 한 저자는 어떨까? 저자의 입장에서 볼 때 이렇게 상대하기 힘든 출판사는 없을 것이다. 하지만 그 덕분에 강하게 단련되었다고 받아들이는 것이 좋다. 그것이 역경에 강한 사람의 마인드다. 긴 인생을 생각한다면 이 출판사는 그에게 반드시 나쁜 결과만 안겨준 출판사는 아닌 것이다.

반대로 책은 출판사의 능력으로 팔 수 있다면서 신문 광고를 비롯하여 다양한 영업 활동을 해주는 출판사가 있다고 하자. 만약 저자가 젊은 시절에 그런 출판사를 만난다면 어떻게 될까? 긴 인생을 생각해보면 이런 출판사를 만나 혜택을 받은 저자는 성장하지 않는다.

인생은 길다. 이 사실을 이해하는 사람이 회복력이 갖추어져 있는 사람이며 역경에 강한 사람이다.

다시 한번 반복하지만 인생은 길다. 한 번만 참아내면 살아남을 수 있을 정도로 인생이 만만한 것은 아니다. 그런 일은 없다. 순풍에 돛을 달고 달린다고 해서 그것이 장기적으로 봤을 때 꼭 행운이라고 말할 수 없고, '뜻밖으로 굴러들어온 호박'이라고 해서 그것이 반드시 행운이라고 말할 수 없다.

_____ 타인의 언행에
_____ 좌우되지 않는다

  실패했을 때 지나치게 민감한 반응을 보이는 사람이 있다. 그들은 실패를 엄청난 역경으로 생각한다. 그리고 그것을 자신의 약점과 연결 지어 해석한다. 역경에 약한 사람인 것이다. 그들은 역경으로부터 재기하기 어렵다.

  그중에는 이상 반응을 보이는 사람도 있다. 칭찬을 받으면 갑자기 강렬한 의욕을 보이다가 비방을 당하면 즉시 상처를 받는다. 나르시시스트 등이 여기에 해당한다. 나르시시스트는 칭찬만 받으려고 하고 칭찬을 해주지 않으면 상처를 받는다. 일상생활에서 오가는 평범한 대화에서도 상처를 받는다.

  비판을 받으면 화를 내는 사람이 있다. 그러나 무엇을 비판으로 받아들이는가 하는 것은 받아들이는 사람의 문제다. 받아들이는 사람이 비판으로 받아들이면 비판이 되는 것이고, 애정이라고 받아들이면 애정이 된다.

  신경증적인 사람은 자신에 대한 어떤 말을 들으면 그것을 비판으로 받아들이고, 자신이 사랑받지 못하고 있다고 받아들인다. 나르시시스트도 마찬가지다. 비판이 아닌 것을 비판으로 받아들여 상처를 입고 화를 낸다. 열등감이 심각한 사람도 끊임없이 칭찬해주지 않으면 불안해한다. 칭찬을 받지 못하는 것을 비판받는 것이라고 받아들인다. 완전한 개성과 진정한 자유를 획득할수록 사람은 상처를 받지 않게 된다.

히긴스는 회복력에 대한 논문[36]에서 회복하는 능력을 갖춘 사람의 특징으로 '프로액티브'를 들었다. 번역하기 매우 어려운 단어이지만 간단히 설명하면 수동적이 아니라 능동적으로 대처한다는 뜻이다. 다시 말하면 회복력이 갖추어진 사람은 프로액티브 성향이다. '리액티브reactive'와는 반대되는 개념이다.

회복력이라는 것은 불굴의 의지가 있는 사람이 갖춘 성격이다. 자발성, 능동성이 주를 이룬다. 반면 리액티브한 사람은 타인의 언행에 마음이 좌우된다. 역경으로부터 회복할 수 있는 능력이 없는 사람이다.

비판을 받으면 화를 낸다. 화를 내지 않을 때에는 침울해한다. 신경증적 경향이 강한 사람이나 나르시시스트, 심각한 열등감이 있는 사람 등은 갑자기 지나칠 정도로 밝은 모습을 보이다가 역시 갑자기 침울해지는 식으로 심리적 요동이 심하다.

아들러는 살아가는 데 바람직하지 않은 성격으로 '이상민감성異常敏感性'이라는 것을 언급했는데, 매슬로는 이 성격에 대해 '중심이 타인에게 있는 것'이라고 설명했다. 또 정신분석가인 카렌 호나이Karen Horney는 신경증 환자에게 있어 타인에게 인정받는 것은 생명이 걸린 문제라고 할 수 있을 정도로 중요하다고 말했다.

　나는 젊은 시절 타인의 언행 때문에 마음이 동요되어 고통스러웠던 적이 있다. 그러다 "아무리 거센 바람이 불어도 끄떡하지 않는 하늘의 달"이라는 말을 알게 되면서 그것을 살아가는 목적으로 삼게 되었다. 타인의 말에 흔들리지 않는 삶이야말로 진정한 '나의 삶'이다.

3장

역경을 뛰어넘는 삶의 에너지

변화를 즐기는 사람은 역경에 강하다

_____ 위협이 아니라

_____ 보람으로 받아들인다

역경에 강한 사람의 특징은 무엇일까? 뉴욕시립대학교 심리학과 교수인 수잔 코바사 Suzanne Ouellette Kobasa 는 8년에 걸쳐 비즈니스 경영자 집단을 대상으로 회사 경영에 따르는 위기나 혼란에 직면했을 때 그들이 어떻게 대처하는지를 조사했다. 조사는 시카고대학교에서 이루어졌다.[37]

어느 나라나 마찬가지겠지만 호황일 때도 있고 불황일 때도 있다. 회사 경영이 순조로울 때도 있고 순조롭지 못할 때도 있다. 그러나 순조로운가, 그렇지 않은가 하는 문제와 상관없이 늘 힘차고 건강한 모습을 잃지 않는 경영자도 있고, 그다지 힘든 상황도 아닌데 툭하면 비명을 질러대는 경영자도 있다.

어떤 경영자가 회사의 위기를 건강하고 슬기롭게 뛰어넘을 수 있을까? 단순히 뛰어넘는 것뿐 아니라 '건강하게' 그 위기를 뛰어넘는 사람들에게는 무엇인가 공통적인 특징이 있지 않을까? 코바사 교수는 그 점에 초점을 맞추고 조사를 실시했다.

조사 결과, 위기를 건강하게 뛰어넘는 경영자에게는 분명히 일정한 특징이 있었다. 즉, '이러이러한 발상을 가지고 이러이러한 식의 사고방식으로 이러이러한 행동을 했다'는 특징이 있었던 것이다.

첫 번째 특징은 난관에 부딪혀도 그것을 '위협'이 아니라 '보람 있는 일'로 받아들이며 의욕과 에너지를 바탕으로 변화에 대응한다. 변화를 두려워하지 않고 오히려 변화에 의해 자신을 고양시키는 것이다.

최근 끊임없이 '변화'라는 단어가 등장하고 있다. "변화의 시대다.", "지금 방식으로는 살아남을 수 없다. 변화해야 한다."라고 모두 합창하듯 외치고 있지만 나는 너무 지나치다는 생각이 든다. 이렇게까지 강박적으로 '변화'를 외치는 이유는 변화가 두렵기 때문이 아닐까?

그러나 건강하게 위기를 뛰어넘는 경영자는 변화를 기쁨으로 받아들인다. 변화가 있어야 재미있다고 생각한다. 게임을 하더라도 백전백승을 하면 재미없다. 그런 게임은 해봐야 아무런 의미가 없다. 실패하기도 하고 성공하기도 하고 잘되기도 하고 잘못되기도 해야 재미있다. 이들은 "100번 승부를 펼쳐서 100번 모두 이긴다면 별로 재미가 없다."고 말한다.

이들은 변화의 시대에 흥분을 느낀다. 건강하게 위기를 뛰어넘은 경영자들에게는 그런 특징이 갖추어져 있다는 사실을 코바사 교수는 조사를 통하여 확인할 수 있었다.

무엇보다 이들은 변화할 수 있는 에너지를 갖추고 있다. 변화를 하려면 에너지가 필요하다. 아이들을 살펴보자. 갓난아이 때부터 두 살, 세 살로 성장함에 따라 아이는 점차 변화해간다. 이것은 엄청난 생명력, 에너지가 갖추어져 있다는 뜻이다.

에너지가 없으면 변화할 수 없고, 에너지가 없으면 변화가 두려워진다. 우울증에 걸리는 사람은 불안하기 때문에 현재 상황에 매달린다. 따라서 흥분이나 에너지를 바탕으로 변화에 대응하지 못하는 것이다.

변화를 보람 있는 일로 생각할 수 있는 이유는 자기 안에 자신감이 있기 때문이다. 지금까지 이겨내온 체험으로부터 얻은 자신감이다.

변화를 즐기는 이 사람들은 지금까지 교활하게 살아오지 않았다. 중요한 문제는 다른 사람에게 맡기고 자신은 편하게 지내는 방식으로 비겁하게 살지 않았다. 다른 사람을 희생시켜 자신이 편해지는 삶을 살지 않았다. 즉, 항상 자신을 연마하는 자세로 살아왔기 때문에 역경에 부딪혀도 그것을 위협이 아닌 보람 있는 일로 받아들일 수 있는 것이다.

이것은 경영뿐 아니라 다른 모든 상황에도 적용할 수 있다. 변화를 두려워하는 원인은 대처 능력에 자신감이 없기 때문이다. 현재의 변화에 대처할 수 있는 자신감이 없기 때문에 변화를 두려워한다.

물론 변화를 두려워하는 사람을 무조건 비난하고 싶은 생각은 없다. 변화를 위협으로 받아들이는 사람은 아마 안정감이 없는 환경에서 자랐을 것이다. 강제수용소와 같은 가정에서 자란 이들은 위협을 느끼는 경향이 상대적으로 강한 편이다.

_____ 타인과
_____ 심리적으로 교류한다

　건강하게 위기를 뛰어넘는 경영자의 두 번째 특징은 일이나 지역, 가족 등 본인이 '의미 있다'고 느끼는 것과 깊은 교류를 하며 지낸다는 점이다. 누구에게나 일, 지역, 가족이 있지만, 위기를 뛰어넘는 사람은 단순히 '있다'가 아니라 그런 대상들과 깊은 관련성을 가진다.

　깊은 관련성을 가지고 있다는 것은 '살아 있다'는 뜻이다. 마음의 교류가 살아 있다는 것이다. 자기 자신이 가족에게는 의미가 있다고 느끼고 가족과 마음의 교류를 가지면 설사 회사에서 스트레스가 있다고 해도 가정 안에서 편안함을 느낄 수 있다. 하지만 회사에서 받는 스트레스가 큰데 집에서도 역시 가족과의 사이가 원만하지 않다면 양쪽에서 스트레스를 받게 되어 심신이 모두 지쳐버린다.

　연인이나 친구들도 마찬가지다. 연인이나 친구들을 '의미 있다'고 느끼고 그들과 깊은 관련성을 가진다면 그들이 마음의 안정을 주는 존재가 된다. 반대로 가족이나 친구나 연인과 마음의 교류가 없는 사람들은 고독하고 무의미한 느낌 때문에 고통을 받는다.

역경을 뛰어넘는 사람은 타인과 친밀하게 지낼 수 있는, 즉 커뮤니케이션 능력이 있는 사람이다.

미국은 이혼율이 매우 높은 편이다. 그러나 가족 간의 유대감은 일본과 비교할 수 없을 정도로 매우 깊다. 처음에 미국에 살기 시작했을 때, 어떤 일본인이 내게 미국 사람들은 가족 간의 유대 관계가 거의 형성되어 있지 않아서 할아버지나 할머니를 한 번도 만나본 적이 없는 사람이 많다고 말했다. 젊은 사람들은 대부분 자신의 할아버지나 할머니가 어떤 사람인지도 모른다는 것이다.

이와 비슷한 말을 하는, '자칭 미국통'이라고 칭하는 일본인들을 가끔 만날 수 있었다. 그러나 미국에 살면서 나는 이와는 정반대의 인상을 받았다. 그래서 조사를 해보니 현실은 내가 받은 인상이 더 정확한 듯했다.

1989년에 가족에 관한 설문 조사 내용이 신문에 실렸는데, 거기에 나와 있는 손자와 할아버지, 할머니와의 관계를 보면 다음과 같다.

일반적으로 할아버지나 할머니를 얼마나 자주 만나는가 하는 질문에 "만나본 적이 없다."라는 대답은 1%였다. 그리고 "매일 만난다."라는 사람이 5%나 되었다. 대부분 일주일에 한 번 이상이거나 한 달에 한 번 이상, 또는 일 년에 몇 차례라고 대답했다. 순서대로 비율을 소개하면 18%, 21%, 24%다.

이것을 19세부터 29세라는 젊은 사람들로 압축해보면 21%, 25%, 23%다. 즉, 69% 정도의 사람들이 할아버지나 할머니를 자주 만나고 있었다. 일 년에 한 번이라는 사람이 13%이고, 그 이하는 16%다.

미국의 젊은이들이 부모와 조부모를 소중하게 여긴다는 사실은 미디어 보도를 통해서는 상상하기 어렵지만 사실 그들은 가족을 매우 소중히 여긴다. 실제로 만나지는 않아도 전화로 통화를 하는 경우도 있다. 할아버지나 할머니와 통화도 자주 한다. 일주일에 한 번 이상은 19%, 한 달에 한 번 이상은 25%, 일 년에 몇 차례는 20%였다.

친척들과의 접촉 역시 우리가 상상하는 것보다 훨씬 자주 이루어진다. "지난 일 년 동안에 친척에게 생일 선물을 준 적이 있는가?" 하는 질문에는 77%가 있다고 대답했다.

어떤 조사에서건 "가족이 소중하다."는 대답이 많았다. 미국인이 얼마나 가족을 소중하게 여기는가에 관한 2007년도의 설문 조사를 살펴보면 다음과 같다.

"가족의 가치를 어느 정도 중요하게 생각하는 대통령 후보에게 투표하는가?" 하는 질문에 대해 '중요하게 생각하는 사람'이 36%이고, '상당히 중요하게 생각하는 사람'이 39%였다. 누구에게 투표할 것인가 결정할 때 '가족의 가치를 중시하지 않는 사람'을 선택한 사람은 7%였다. 공화당의 경우에는 '중요하게 생각하는 사람'과 '상당히 중요하게 생각하는 사람'을 합치면 무려 86%나 되었다.

그렇기 때문에 공화당이든 민주당이든 대통령 후보자를 결정하기 위한 당 대회 때 후보자는 가족을 총동원하여 함께 무대에 오른다. 국민에게 자신의 가족 관계가 원만하다는 사실을 보이기 위해서다. 그 정도로 미국인들은 대부분 가족의 가치를 중시한다.

또 "앞으로 무엇을 중요하게 여겨야 한다고 생각하는가?" 하는 질문에 대해서도 가장 먼저 선택하는 대답이 '가족'이다. 설문 조사 등을 실시해보면 모든 연령에서 '가족이 중요하다'는 대답이 가장 높다.

그러나 한편으로는 이혼율도 높다. 나도 처음에는 그 이유를 이해하기 어려웠다. 그래서 그 이유를 조사해보기 위해 매사추세츠 주 콩코드의 시립 교도소에 들어가 본 적이 있다. 수용자들에게 "당신이 가장 소중하게 생각하는 것은 무엇인가?" 하고 물어보자 대부분 '가족'이라고 대답했다. 하지만 일부 수용자들의 부모는 이혼한 상태였다. 그들이 말하는 '가족'은 현재 함께 생활하는 가족이다. 예를 들면 어머니와 자신과 새아버지다.

일본에서는 '헤어지고 싶지만 이혼을 할 수는 없다'고 말하는 부부가 꽤 많이 있지만 미국의 경우에는 헤어지고 싶으면 헤어진다. 가족을 소중하게 생각하지 않아서가 아니다. 이런 변화에 대한 태도 차이를 인식하지 않는 한, 미국인의 가족관은 이해하기 어렵다.

미국에서는 이직이 자주 발생하는데, 그것은 일이 만족스럽지 않은 경우다. 대부분 현재 근무하는 직장에 만족한다. 가족도 마찬가지다. 현재 함께 생활하는 가족에게 만족하고 있다.

가족에 관한 조사를 해보면 미국과 일본을 비교할 때 미국 사람들이 훨씬 가족을 소중하게 여긴다. 서로에게 깊은 관계성을 느끼고 있다는 사실을 알 수 있다.

학교도 마찬가지다. 고등학생에게 "학교를 그만두고 싶은가?" 하고 물어보면 "그만두고 싶다."라고 대답하는 고등학생의 수는 일본 쪽이 압도적으로 많다. 하지만 실제로 전학을 가거나 학교를 그만두는 학생의 수는 미국이 더 많다.

"지금 살고 있는 지역에서 이사를 가고 싶은가?"라는 질문에서도 "이사를 가고 싶다."고 대답한 쪽은 일본이 더 많지만 실

제로 살고 있는 지역을 떠나 이사하는 사람을 조사해보면 미국
쪽이 더 많다.

미국인은 일이나 지역, 가족을 항상 소중하게 여기며 살고 있
지만 만족을 느끼지 못할 경우에는 새로운 길을 찾는 데 주저
하지 않는 성향이 있다는 의미다.

_____ 자신이 컨트롤하고 있음을

_____ 자각한다

위기를 뛰어넘는 경영자의 세 번째 특징은 '자신이 컨트롤하고 있다'는 자각을 가지고 있다는 것이다. 이는 올바른 정보를 바탕으로, 결정적인 판단을 스스로 내리는 감각이다. 일본인에게는 부족한 감각이다. 일본인의 경우에는 사회 구조상 많은 사람들에게 추대를 받아 윗자리에 오르는 경우가 많기 때문인지도 모른다.

위기를 뛰어넘는 경영자는 "어쨌든 내가 컨트롤하는 거야.", "다른 사람에게 조종당하는 것이 아니라 나 스스로 컨트롤하는 거야."라는 감각을 가지고 있다.

이처럼 역경에 강한 사람은 액세서리 같은 바지 사장이 아니라 정말로 '자신이 컨트롤하고 있다'는 자각을 가지고 결단을 내릴 수 있는 사람이다.

어떤 일이건 결단을 내릴 때는 크게 망설여지기 마련이다. 하지만 그런 상황에서 누군가에게 의지하지 않고 스스로의 판단으로 결단을 내릴 수 있어야 한다.

다른 사람의 눈을 의식하지 않는다

　　　　　 언제든지 제로에서

　　　　　 다시 시작할 수 있다

　앞에서 말한 '위기를 뛰어넘는 경영자의 세 가지 특징'을 좀 더 자세히 살펴보자.

　첫 번째 특징은 '변화에는 의욕과 에너지를 바탕으로 대응한다'는 것이다. '변화를 오히려 즐긴다'고 표현한다면 약간 어폐가 있을지 모르지만 '변화'를 '위협'으로 받아들이지 않는다는 것은 분명하다. 오히려 변화에 의해 의욕을 느끼는 것이다.

　변화가 반드시 좋은 결과를 낳는다는 보장은 없다. 좋은 결과를 낳을 수도 있고 그렇지 않을 수도 있다. 하지만 그들은 그 상태를 즐겁게 받아들인다.

　그러나 '집착이 강한 사람'은 변화에 매우 취약하다. 최근에는 이직이 일반화되었지만 20~30년 전까지는 일단 회사에 입사하면 거의 평생직장으로 여기고 다녔다.

　'한번 선택한 직업은 도중에 그만두어서는 안 된다'는 규범의식이 강했기 때문이다. 요즘에는 그러한 의식이 어느 정도 옅어지기는 했지만 다른 외국, 특히 미국 등과 비교하면 아직도 강한 편이다.

　규범의식이 강하다고 하면 매우 긍정적으로 들리겠지만 다른 관점으로 말하면 '변화에 대응할 수 없다.', '변화를 두려워한다.'로 해석할 수도 있다. 일본인은 한번 선택하면 끝까지 관철시키는 데 가치가 있다고 여긴다. 반면 '선택해보고 마음에 들지 않으면 다른 직업으로 바꾼다.'는 식의 유연성은 매우 부족하다. 마음을 쉽게 바꾸지 않고 한 가지를 끝까지 고수하는 태도가 바람직한 부분도 있지만, 경우에 따라서는 '유연성이 없다'는 나쁜 해석이 나올 수도 있다.

집착이 강한 사람은 실패를 두려워하기 때문에 상황이 변해도 같은 행동을 한다. 전례에 얽매인다. 그러는 편이 안심할 수 있기 때문이다. 평소 반복적으로 해오던 생활에는 많은 에너지가 필요하지 않지만 생활에 변화를 주면 상당한 에너지가 필요하다.

그들은 안정적으로 살고 싶어 하기 때문에 변화를 싫어한다. 그렇기 때문에 돌다리를 두드려 확인하고도 건너지 않는다. "이렇게 된다면 어떻게 하지?" 하는 두려움에 젖어 변화를 거부하는 것이다.

이러한 보수성은 우울증과 비슷한 '멜랑콜리 친화형'이라고 볼 수 있다. 그래서 변화를 두려워한다. 상황이 변한다는 것은 자신이 바뀌어야 한다는 뜻이기 때문이다.

그렇기 때문에 회사의 위기를 뛰어넘는 사람은 '에너지가 넘치는 사람'이다. 집착이 강한 사람은 '일에 대한 욕구'와 '과연 일이 제대로 될까?' 하는 불안감이 한 덩어리를 이루고 있다.

제로 상태에서 새롭게 출발한다는 것은 어려운 일이다. 위기를 뛰어넘는 사람은 이런 새로운 출발을 할 수 있다. 그들은 언제든지 제로에서 다시 시작할 수 있는 사람들이다. 반대로 변화에 대응할 에너지가 없는 사람은 새로운 시작을 하는 데 자신감이 없기 때문에 위기를 건강하게 뛰어넘을 수 없다.

어떤 직업이든 마찬가지다. 예를 들어 배를 재배하는 사람이 있는데 태풍이 불어서 배 밭이 엉망이 되었다고 하자. 지금까지 열심히 재배해온 것이 완전히 사라져버리고 제로 상태에서 다시 시작하려면 엄청난 에너지가 필요하다. 에너지가 없는 사람은 달리 살아갈 방법도 찾지 못하고 좌절에 빠져 있을 수밖에 없다. 이것이 일반적으로 집착이 강한 사람이다.

자신은 일이 뜻대로 이루어지지 않았을 때 수정할 수 있을 정도의 에너지는 갖추고 있다고 생각하지만 아무것도 없는 완전한 제로 상태에서 새롭게 시작해야 한다면 역시 좌절감에 사로잡히게 될 것이다. 하지만 위기를 건강하게 뛰어넘는 사람에게는 그런 나약함이 없다.

_____ 인생의 버팀목은

_____ 많을수록 좋다

위기를 뛰어넘는 경영자의 두 번째 특징은 '일이나 지역, 가족 등과 깊은 연관성을 가지고 있다'는 것이다. 일본인처럼 집착이 강한 성격은 이와는 반대로 '일이 최우선이다'는 의식을 가지고 있다. 일 이외의 욕구는 겉으로 잘 드러나지 않는다. 지역이나 가족보다 일이 우선이다. 하지만 위기를 건강하게 뛰어넘는 사람은 일뿐 아니라 다양한 대상들과 관계성을 가지고 있다.

"사회적 지원이 충분하지 않은 사람은 사회적 지원이 충분한 사람보다 스트레스를 더 많이 받는다."는 조사 결과가 있다.[38] 여기서 말하는 사회적 지원은 '사회와의 관계성'이다.

1979년, 미국의 스리마일 섬Three Mile Island에서 원자력발전소 사고가 발생하여 원자로 노심 구조물이 파손되는 노심융해爐心融解와 방사능 누출이 발생했다. 이때 앤드루 보움이라는 심리학자가 원자력발전소 주변에 사는 주민들의 소변을 채취하여 스트레스 호르몬 수치를 조사했다.

그 결과, 같은 상황을 겪었는데도 스트레스를 느끼는 수치에는 큰 차이가 있다는 사실을 알게 되었다. 물론 주민 전체가 스트레스는 받았지만 지역 사회와 교류가 깊은 사람들에게서는 스트레스 수치가 낮게 나왔다. 스트레스 호르몬이 적게 검출된 것이다. 그러나 사회와의 연관성이 약하고 고립되어 있는 사람은 스트레스 수치가 훨씬 높았다. 이 결과를 통하여 사회적 지원이 신체에 생리적인 영향을 준다는 사실이 밝혀졌다.

마찬가지로 가족은 나 몰라라 하고 자기 일에만 열중하며 살다가 회사가 위기에 직면한다면 얼마나 큰 스트레스를 받을까? '번아웃 증후군'이라는 개념을 처음으로 제기한 미국의 정신분석가 허버트 프로이덴버거Herbert Freudenberger도 "번아웃 증후군에 걸리는 사람은 '버팀목'이 적다는 특징이 있다."라고 말했다. 즉, '일'이 있고, '취미'가 있고, '가족'이 있다는 식으로 여러 개의 버팀목을 가진 사람은 번아웃 증후군에 걸리지 않는다. 버팀목 하나가 없어져도 다른 버팀목이 남아 있기 때문이다.

그러나 번아웃 증후군에 걸리는 사람들을 조사해보면 대부분 '일'이라는 하나의 버팀목밖에 없다. 그 버팀목이 위기에 처하면 그 순간 번아웃 증후군에 걸리는 것이다.

프로이덴버거는 "번아웃 증후군을 예방하려면 주변에 친밀한 사람을 만들어야 한다."라고 말한다. 친밀한 사람이 있으면 만약 일이 뜻대로 진행되지 않는다고 해도 자아 붕괴까지는 이르지 않는다는 것이다.

_____ 자신에게 쓰기 위한
_____ 에너지가 필요하다

　위기를 뛰어넘는 경영자의 세 번째 특징은 '자신이 컨트롤하고 있다는 감각을 가진다'는 것이다. 다른 사람이 해주기를 바라는 것이 아니라 스스로 컨트롤한다.

　언뜻 보면 활발하게 활동하는 것처럼 보여도 사실은 자신의 의지로 움직이고 있는 것이 아닌 사람이 많다. 그런 사람은 "다른 사람들이 나를 어떻게 볼까?" 하는 공포감이나 불안감을 바탕으로 움직인다. 따라서 다른 사람이 자신에게 기대하고 있는 일을 할 때에만 에너지를 낼 수 있다.

　카렌 호나이는 "신경증 환자는 활발해 보이지만 사실은 자신의 에너지가 없다."라고 말했다. '나는 이것을 하고 싶다.', '나는 이건 절대로 하고 싶지 않다.', '나의 생활 방식은 이렇다.', '나의 의견은 이런 것이다.', '나는 이런 식으로 살고 싶다.'라는 식의 자신을 위한 에너지가 없다. 다른 사람에게 칭찬을 받기 위해, 다른 사람에게 잘 보이기 위해, 다른 사람에게 인정받기 위해 사용할 수 있는 에너지밖에 없는 것이다.

　활발하게 움직이고 있기 때문에 겉으로 보기엔 에너지가 넘치는 사람처럼 보인다. 그러나 '나는 이것을 하고 싶다.'는 마음으로 움직이는 것이 아니라 '○○에게 인정받고 싶다.', '○○에게 칭찬받고 싶다.' 하는 식으로 다른 사람에게 인정이나 칭찬을 받기 위한 동기로 움직인다.

이런 사람에게는 '자신이 컨트롤하고 있다'는 감각이 없다. 앞에서 소개한 번아웃 증후군에 걸리는 사람이 바로 여기에 해당한다. 그들은 에너지가 넘치는 것처럼 보이지만 사실은 에너지가 없다.

번아웃 증후군에 걸리는 사람은 최대한 활동적으로 움직인다. 그러나 '나는 이것을 하고 싶다.'라는 것이 아니라 '이것을 하면 인정을 받을 수 있다.'라는, 다른 사람에게 인정을 받고 싶다는 마음으로만 움직인다. 즉, 불안감 때문에 움직일 뿐이다. 그러나 회사가 위기에 빠졌을 때 건강하게 위기를 뛰어넘는 경영자는 다르다. 그들은 자신이 컨트롤하면서 살아간다.

다른 사람에게 잘 보이기 위해서 하거나 다른 사람에게 칭찬받기 위해서 한다면 아무래도 자신의 한계를 고려하지 않고 무리한 행동을 하거나 적성을 벗어난 일을 하게 된다. 그러나 위기를 뛰어넘는 경영자는 다른 사람의 눈을 의식하지 않고 자신의 능력과 적성을 확실하게 판단하고 일을 추진한다.

그렇다면 '자신이 컨트롤하고 있다는 감각'은 어디에서 나오는 것일까? 자신의 내부에 존재하는 주체는 강력하다는 확신이 있기 때문에 이 감각을 가질 수 있다. 내부의 주체가 강력하다는 확신이 없으면 '나는 이 상황을 컨트롤할 수 있다.'라고 생각할 수 없다. 자신감을 가질 수 없기 때문이다.

또 하나, 이 감각을 가지려면 능동적이어야 한다. 수동적인 자세로 살아가는 사람에게는 자신이 컨트롤하고 있다는 감각이 애초에 없다. 적극적으로 위기에 맞서는 마음의 자세가 갖추어져 있어야 이 감각을 가질 수 있다.

어떤 한 사람의 이야기를 소개해보자. 1831년, 그는 사업에 실패했다. 1832년에는 주의회의원으로 출마해서 낙선했다. 1834년에는 의회의원으로 당선되었지만 이듬해에 연인이 사망하고, 자신은 그다음 해에 신경쇠약에 걸렸다. 1838년에는 의장 선거에 낙선했고, 1840년에는 대통령 선거인단 인선에도 낙선했다. 1843년, 하원의원에 낙선되었고, 1846년에 당선되었지만 1848년에 다시 낙선했다. 1850년에 상원의원 선거에 출마했다가 낙선했고, 1856년에 부통령 선거에 낙선, 1858년에 상원의원에 낙선, 1860년에 마침내 대통령에 당선되었다. 그는 실패와 낙선을 반복하면서도 최종적으로는 대통령이라는 지위에까지 오른 제16대 미국 대통령 에이브러햄 링컨이다.[39]

이 정도로 낙선을 되풀이한다면 보통 사람은 희망을 포기할 것이다. 그러나 링컨은 그만둘 생각이 전혀 없었다. 그가 실패에 강한 이유는 앞에서 설명했듯 자신의 본성에 바탕을 두고 행동했기 때문이다.

그는 다른 사람의 눈길을 의식하지 않고 정상만을 바라보았다. 다른 사람의 시선을 의식했다면 이런 식으로 계속 낙선을 할 경우 일찌감치 포기했을 테지만 링컨에게는 미국 연방을 수호하겠다는 거대한 목표가 있었기 때문에 낙선 따위에는 전혀 얽매이지 않았던 것이다.

다시 말하면 '나는 이것을 하고 싶다'는 의지를 바탕으로 움직였기 때문에 절대로 포기하지 않았다. 낙선 따위는 그의 의지에 아무런 영향도 끼치지 못했던 것이다. 이처럼 '나는 이것을 하고 싶다'고 스스로 자신의 인생을 컨트롤할 수 있는 사람은 역경에 강하다.

_____ 타인에게
_____ 휘둘리며 살지 않는다

타인에게 휘둘리며 살아가는 사람은 역경에 약한 사람이다. 휘둘리지 않고 스스로 자신의 인생을 컨트롤할 수 있는 사람이 역경에 강한 사람이다. 다시 말하면 자아가 확립되어 있는 사람인 것이다.

역경에 강한 사람이 되고 싶다고 해서 즉시 그런 사람이 될 수 있는 것은 아니다. 극단적인 예를 든다면, 유아적 의존감이 강한 성인은 스스로를 컨트롤하기 어렵다. 이들은 감정을 쉽게 폭발시키며 사소한 실패 때문에 즉시 침울해진다.

다른 사람의 마음에 들기 위해 무리한 연기를 하면서 살아가는 사람은 다른 사람에게 휘둘려 인생을 살아가는 사람이다. 이들은 자신이 미움을 사는 것은 아닐까 하는 주변에 대한 경계심 때문에 심신이 지쳐 있다.

역경에 약한 사람은 이런 식으로 휘둘리면서 살아가다가 결국 스스로를 잃어버린다. 자신의 인생을 스스로 컨트롤할 수 없는 것이다. 이들은 마음의 버팀목이 없기 때문에 자신의 감정을 컨트롤하지도 못하고, 또 주변에서 발생하는 사건도 컨트롤할 수 없다.

컨트롤할 수 있다는 것은 분별할 줄 안다는 것이다. 예를 들어 주변 사람들에게 '좋은 집에 사는 것처럼 보이고 싶어.'라는 마음이 있다면 이것저것 신경이 많이 쓰인다. 그러면 집을 꾸미는 일 자체가 고민의 씨앗이 된다.

하지만 그런 허세가 없다면 집에 큰 신경을 쓸 필요는 없다. 그것이 자신을 컨트롤하는 것이다. 집의 현관문이 망가졌을 때 손님이 찾아와도 신경 쓸 필요가 없다. 비가 내리는데 현관에 우산꽂이가 없어도 신경 쓸 필요가 없다. 그것이 자신을 컨트롤하는 것이다.

그렇게 할 수 있는 이유는 다른 대상에 마음을 의존하고 있지 않기 때문이다. 돈이나 멋진 집에 자신을 의지하지도 않는다. 따라서 남들이 어떻게 생각하든 관심이 없다. 당황할 이유가 없다. 이것이 마음의 버팀목이 있는 사람의 심리 상태다. 이것이 자신의 마음도, 주변에서 발생하는 문제도 컨트롤할 수 있는 사람의 심리 상태다.

역경에 강한 사람은 생활 범위를 자신이 컨트롤할 수 있는 한계 이상으로 확대하지 않는다. 프로이트Sigmund Freud와 나란히 정신분석의 대가로 불리는 융Carl Gustav Jung은 이에 대해 내향형內向型과 외향형外向型으로 구별하여 말해준다. 외향형은 태도의 결정이 주로 객관적인 사정에 의해 이루어진다. 즉, 외부의 사정에 맞추어 자신의 태도를 정하는 것이다.

융이 제시한 기준으로 말한다면, 주문이 계속 들어온다는 이유로 점포를 확장하는 타입이다. 그 결과, 자신의 능력에 넘치는 사업을 무리하게 이어나간다. 또 갑자기 유명해지면서 자신의 능력 이상으로 에너지를 쓰던 가수가 갑자기 고음을 낼 수 없게 되는 경우가 여기에 해당한다. 융은 그 결과로 탄생하는 '기능 장애'는 보상의 의미를 가진다고 말한다. 그 결과에 의해 그동안 지나쳤던 경향이 바로잡힌다는 것이다.

융은 외향형 인간이 겪는 신경증은 대부분 히스테리라고 말한다. 나 또한 외향형 인간이 일상적으로 끌어안고 있는 신경증이 히스테리라고 생각한다. 그것이 보다 확대되어 발생할 경우에 승진 우울증(승진을 한 후에 식욕 부진, 초조함, 불면증 등의 증상이 갑자기 나타나며 의욕과 자신감을 잃는 것 — 옮긴이 주)이나 번아웃 증후군에 빠지는 것이다.

왜 이렇게까지 외부의 요구에만 대응하려 하고 내면의 욕구는 무시하는가 하는 점을 생각해야 한다. 외향형 인간의 개념만으로는 그것을 설명하기가 어렵다. 외부의 요구에 그렇게까지 대응할 수밖에 없는 필요성이 내면세계에도 존재하지 않는지 생각해보아야 한다. 상처받은 신경증적 자존감을 치유해야 할 필요성이 있다는 것이다.

역경에 강한 사람은 자신을 컨트롤할 수 있다. 그것이 바로 '자아 확립'이다.

바꿀 수 있는 것은 바꿔야 한다

_____ 불행 의존증에서
_____ 빠져나와야 한다

'변화'에 대해서도 좀 더 생각해보자.

의존증 중에는 '불행 의존증'이라고 불리는 것이 있다. 알코올 의존증에 걸린 사람이 술을 마시지 않고는 견디지 못하듯 자신의 불행을 과시하지 않고는 견디지 못하는 사람들을 가리킨다. 그들은 불행하다는 데서 자신의 존재 가치를 찾는다. 그 방법밖에 모른다.

불행 의존증과 관련해서 미국에서 출간된 책이 있는데, 거기에 'Locking into Misery'라는 인상적인 말이 있었다. 불행한 상태에서 빠져나올 수 없다, 자물쇠가 걸려 그곳에서 벗어날 수 없다는 것이다.

불행 의존증에 빠진 사람은 회복력이 없다. 그 우울한 감정이 악순환되면서 우울증에 걸리는 경우도 있다. 불행한 상태에 자물쇠가 채워져 있는 주된 이유는 '변화에 대한 불안'이다. 저자는 그들이 전기 충격을 당한 것 같은 불행한 상태에 머무른다고 말하고 있다. 오랜 세월 동안 고통스러운 생활을 해오면서 에너지를 잃어버렸기 때문에 그들에게는 변화할 수 있는 에너지가 남아 있지 않을 것이다.

또 한 가지, 변화에 약하다는 의미에서 볼 때 불행 의존증 이외에 우울증 환자의 문제가 있다. 회사의 조직 교체 등이 있으면 우울증 환자가 증가한다. 회사를 분사화하면 우울증 환자가 증가한다는 보고도 있다.

우울증 환자는 변화를 두려워한다. 또는 변화에 대응하지 못한다. 그렇기 때문에 이러한 사람들은 변화의 시대에 모습을 드러낸다. 변화에 대한 불안과 비관주의는 분명히 관계가 있다.

변화 이후에 무엇인가 좋은 일이 있을 것이라고 생각하면 변화를 받아들일 수 있을 것이다. 그러나 변화 이후에 좋은 일이 아무것도 없다고 생각하면, 또는 어떤 결과를 얻을지 알 수 없다면 변화에 대한 불안은 견디기 어려운 고통이 된다.

현재의 장소를 벗어나 이사를 해도 새로운 장소에서 무엇인가 좋은 일이 있을 거라고 생각하면 마음 편히 이사할 수 있다. 새로운 장소에서 목이 좋은 가게를 발견할 수 있다고 생각한다면 마음 편히 이사할 수 있다. 새로운 장소에서 틀림없이 좋은 친구를 만나게 될 거라고 생각한다면 마음 편히 이사할 수 있다.

하지만 우울증에 걸리는 사람은 앞날을 비관적으로 생각하기 때문에 이렇게 생각하기 어렵다. 현실적으로 지금보다 나아진다고 해도 그 변화를 받아들이기 어렵다.

그들은 질서 있고 안정된 공간에 의지하여 살고 있기 때문에 정신없이 돌아가는 사회 변화에 적응하지 못한다. 승진이 계기가 되어 발생하는 승진 우울증도, 이사를 계기로 걸리는 이사 우울증도 마찬가지다. 변화가 두려운 것이다.

에너지가 넘치는 사람은 상황이나 수입에 맞추어 집, 사무실, 직업을 바꾼다. 사람은 나이를 먹을수록 체력이 떨어지는데 에너지가 넘치는 사람은 나이에 맞추어 움직일 수 있는 환경을 만든다. 하지만 우울증 환자는 그것이 불가능하다. 그럴 수 있는 에너지가 없기 때문에 사회적으로 살아가는 것이 고통으로 느껴진다.

에리히 프롬은 《자기를 위한 인간Man for himself》이라는 책에서 인간의 비생산적인 자세 중 하나로 '저장 지향형'이라는 개념을 언급하면서 "저장 지향형의 사람들이 지향하는 최고의 가치는 질서와 안정"이라고 설명했다.

이에 조지 웨인버그는 "우울증 환자는 변화를 두려워하지만 사실은 변화하는 것이야말로 우울증을 극복할 수 있는 유일한 방법이다."라고 말했다.[40]

_____ 시큼한 레몬은
_____ 시큼하다고 받아들인다

인디언의 가르침에는 만약 불쾌한 어떤 일을 바꿀 수 있다면 냉정하면서도 사려 깊게 바꾸는 노력을 해야 한다는 말이 있다. 그러나 만약 바꿀 수 없으면 조용히 미소를 짓고 그 상황을 견뎌내야 한다고 씌어 있다.[41]

자신이 현재 하고 있는 일이 적성에 맞지 않는데 그것을 인정하지 않고 매달리느라 새로운 인생을 시작하지 못하는 사람도 있다.

'달콤한 레몬'이라는 말이 있다. 달콤한 포도를 "저 포도는 실 거야."라고 말한 《이솝 우화》의 여우의 이야기와 반대되는 내용이다. 시큼한데도 시큼하다고 인정하지 못하는 것이다.

지금 내 직업이 나에게 맞지 않는다. 그래서 힘들다. 그러나 다른 사람에게 지고 싶지 않다. 다른 사람에게 실패한 사람으로 보이고 싶지 않다. 다른 사람에게 불행한 사람으로 보이고 싶지 않다. 그래서 이 직업은 좋은 직업이라고 계속 주장하는 것이다.

이처럼 레몬은 사실 시큼한 것인데도 달콤하다고 계속 고집을 부리는 사람이 있다. 그들에게는 시큼하다는 사실을 인정하고 현재 상태를 바꾸려는 노력을 할 에너지가 없다.

폴란드의 철학자 타타르키비츠 W. Tatarkiewicz 는 "행복한 사람은 어느 정도 성가시더라도 늘 행복이라는 환상으로부터 깨어나 이것이 진정한 행복인지 생각할 줄 안다."[42]라고 했다. 맞는 말이다. 인간은 그런 사고를 할 줄 아는 존재다.

불행한 사람들 중에는 자신의 불행을 인정하지 못하는 사람이 있다. 그러나 행복한 사람은 불행을 인정할 줄 안다. 시큼한 것은 시큼하다고 인정할 줄 안다.

행복한 사람은 현재의 자신은 진정한 행복이 아니라 행복의 환상에 얽매여 있다는 사실을 인지할 수 있다. 그러나 불행한 사람은 이런 느낌을 거부한다. 불행하지 않다고 주장한다. 불행하다는 사실을 인정하지 못하는 데에는 여러 가지 이유가 있지만 그중 하나는 변화를 두려워한다는 것이다.

변화를 두려워하기 때문에 지금의 상태가 나쁘지 않다고 주장한다. 불행하다는 사실을 인정하면 개혁을 해야 한다. 현재의 결혼 생활이 불행하다면 이혼을 하는 것이 낫다. 그러나 이혼은 두렵다. 그래서 결혼 생활이 불행하다는 사실을 인정하려 하지 않는다.

바꿀 수 있는 것도 바꾸지 않고 단지 불평만 늘어놓고 현실과 직면하기를 피하면서 살아가는 것이 심리적으로는 편할 수 있다. 하지만 살아가는 것 자체는 매순간 괴롭고 불쾌하다. 그러므로 바꿀 수 있는 것은 바꾸어야 한다. 그것이 바꿀 수 없는 것을 냉정하게 견뎌낼 수 있는 조건이다.

_____ 행복한 사람만이

_____ 불행해질 수 있다

바꾼다는 것은 창조적인 행위다. 창조적인 사람은 바꾸려 하는 동기가 강하다. 이들은 불쾌한 일, 불합리한 일들을 그대로 내버려두지 않는다.

불쾌한 일 중에서 바꿀 수 있는 것은 바꾸려는 노력을 해야 한다. 바꿀 수 없는 것은 불평을 하지 않고 견뎌내야 한다. 이것을 짧은 말로 표현하면 다음과 같다.

"활동적인 사람은 포기가 빠르다."

매일 불평을 하는 사람은 바꿀 수 있는 것도 바꾸려 하지 않는다. 물론 바꿀 수 없는 불쾌한 일에 대해서는 매일 한숨만 쉬고 불평만 늘어놓는다. 매일 불평을 하는 사람은 연구를 하지 않는다. 창조적이지 못한 것이다.

앞에서 소개한 타타르키비츠의 책에는 아주 멋진 말이 있다.

"행복한 사람만이 불행해질 수 있다."

행복한 사람은 "우리의 결혼 생활은 행복하지 않아. 실패야."라고 인정할 줄 안다. 행복한 사람은 결코 행복이라는 환상에 매달리지 않는다. 그래서 실제로 행복해지기 위한 현실적인 노력을 시작한다. 이때 변화를 두려워하지 않는다.

타타르키비츠의 말을 인용하여 '행복한 사람'이라고 표현했지만 정확하게는 '정서적으로 성숙한 사람'이라고 표현하는 것이 더 어울릴지 모르겠다. 또는 '에너지가 넘치는 사람'이라고 표현하는 게 더 어울릴 것이다. 단, 사람이 행복해지려면 정서적인 성숙이 필요하므로 타타르키비츠가 표현했듯 '행복한 사람'이라고 표현할 수도 있다.

"행복한 사람만이 불행해질 수 있다."라는 말은 언뜻 모순되는 듯하지만 큰 의미가 들어 있다. 행복한 사람만이 불행하다는 현실에 직면할 수 있다는 것이다. 그래서 행복한 사람은 강한 사람이다.

반면 불행한 사람은 나약하기 때문에 여러 가지 이유를 들어 현재의 상태에 머무르려 한다. 살아갈 에너지가 없기 때문에 바꿀 수 있는 것도 바꾸려고 노력하지 않는다. 이런저런 이유를 늘어놓는 것보다는 바꾸려는 노력을 하는 것이 훨씬 기분도 좋고 철학적이다. 이유를 늘어놓는 사람은 자신이 철학적이라고 생각하지만 그 반대다. 바꾸기 위해 현실적인 노력을 하는 사람이 나는 훨씬 철학적이라고 생각한다.

이기든 지든 행복하다

_____ 사물을 다양한 관점으로

_____ 본다

　미국 국립노화연구소National Institute on Aging가 10년에 걸쳐 실시한 조사에 따르면, 1973년에 행복했다는 사람과 10년이 지난 1983년에 행복했다는 사람 사이에는 상관관계가 있었다고 한다. 미국처럼 사회적 유동성이 높은 곳에서는 10년 동안에 다양한 변화가 발생한다. 10년 전에는 이혼을 했지만 10년 후에는 새로운 사람과 행복한 가정을 이루고 있다거나 10년 전에는 일이 순조로웠지만 10년 후에는 실패했다는 등의 다양한 사건들이 있었을 텐데, 조사 결과는 "10년 전에 행복한 사람은 10년 후에 행복한 사람과 상관관계가 있었다."라고 한다.

　이것은 어떠한 특성을 가진 사람은 역경을 만나도 계속 행복을 갱신해가고, 힘든 상황 속에서 새로운 행복을 발견한다는 의미가 아닐까? 즉, 역경과 불행이 관련이 있는 것이 아니라 '그 사람의 특성'과 관련이 있다고 말할 수 있는 것이 아닐까 생각한다.

　그렇다면 그 특성이란 무엇일까? 미국의 심리학 잡지《사이콜로지 투데이Psychology Today》의 1992년 7, 8월 통합 호에 〈행복해지는 비결〉이라는 기사가 실렸는데, 거기에 "행복한 사람의 특성은 낙천적이라는 것이다."라는 내용이 씌어 있었다. 낙천적 특성을 지닌 사람은 나쁜 일이 발생했을 때나 자신에게 바람직하지 않은 일이 생겼을 때, 예를 들면 실연을 당했다거나 회사의 인사 이동에서 자신이 원하는 부서로 가지 못한 경우에 '그것은 나의 잘못이고 이 상황은 계속 이어질 것이다.'라고 생각하지 않는다. 나쁜 일이 발생했을 때 '이 상황이 계속 이어질 것'이라고는 생각하지 않는 것이다.

반대로 불행에서 좀처럼 빠져나오지 못하는 사람은 어떤 사람일까? 하버드대학교 심리학 교수인 엘렌 랭거Elen Langer는 다음과 같은 연구 결과를 발표했다.

"'이혼 후에 계속 불행한 사람과 행복해지는 사람은 어떤 차이가 있을까?' 하는 조사를 해보았더니 사물을 다양한 관점으로 볼 수 있는 사람은 행복해졌다는 사실을 알 수 있었다. 그러나 그렇지 못한 사람은 계속 불행했다."

예를 들어 그 사람은 자신이 불행하다는 사실을 이혼과 결부시켜 '나는 이혼했기 때문에 불행해졌다.'라고 생각하지만 사실은 그 사람이 사물을 보는 견해에 원인이 있다는 것이다. 사물을 볼 때 다양한 관점으로 볼 수 있는가, 하나의 한정된 관점으로만 보는가 하는 것이 큰 영향을 끼친다.

랭거 교수에 의하면, 이혼 후에 불행해진 사람은 "이혼의 원인은 모두 상대방에게 있다."라고 말한 사람들이었다고 한다. "내가 이혼한 것은 모두 그 사람이 나빴기 때문이다.", "그 사람 때문에 이혼할 수밖에 없었다.", 이렇게 단일한 견해를 가지는 사람, 다양한 관점으로 보지 못하는 사람들이었다는 것이다.

내가 번역한 랭거 교수의 책 안에 실려 있는 예를 하나 더 소개하려 한다.

랭거 교수는 이혼과 마찬가지로, 자신의 문제의 원인을 단순히 유전적인 것으로 보는 알코올 의존증 환자는 회복에 도움이 될지도 모르는 방법을 시도하려고도 하지 않는다고 말한다. 그녀의 저서를 그대로 인용하면 다음과 같다.

"우리에게 독선적인 해석이 있는 경우, 그 해석에 위반되는 정보에는 주의를 기울이지 않는 것이 일반적이다. 전문 치료사로부터 그런 정보가 주어진다고 해도 마찬가지다. 집착과 알코올 의존증 환자를 조사해본 결과 그 증거를 찾을 수 있었다. 우리는 두 종류의 알코올 의존증 환자들을 조사했다. 어린 시절에 알코올 의존증 환자를 단 한 사람 알았던 사람과 몇 명 더 알고 있는 사람이다. 후자의 그룹은 다양한 견해를 보일 것이라고 우리는 생각했다. 예를 들면 시끄럽고 폭력을 휘두르는 알코올 의존증 환자를 어린 시절 단 한 명만 겪어본 경우, 그 아이는 알코올 의존증 환자는 모두 그렇게 행동한다고 인식할 것이다. 그런 아이가 후에 어른이 되어 알코올 의존증에 걸리면 다르게 행동해도 된다는 생각은 하지 않는다. 하지만 성격이 다른 여러 명의 알코올 의존증 환자를 겪어보았던 아이는 커서 자신의 행동이나 변화의 가능성에 대해 보다 유연한 사고를 하게 될 것이다."[43]

즉, 불행에서 좀처럼 벗어나지 못하는 사람은 시야가 좁은 사람이며 사물을 포착하는 관점이 좁은 사람이다.

_____ 마음이

_____ 충족되지 않는 이유

캘리포니아주립대학교의 심리학 명예교수인 새뮤얼 프랭클린 Samuel S. Franklin은 "행복관은 그 사람의 성격과 깊은 관계가 있다."라고 말했다.[44]

그 첫 번째 성격은 '낙천적'이라는 것이다. 낙천적 특성을 갖춘 사람은 어떤 나쁜 일이 발생했을 때 그것이 계속 이어진다고 생각하지 않는다. 앞에서 소개한 《사이콜로지 투데이》의 기사와 공통되는 내용이다.

두 번째 특징은 '행복한 사람은 행복한 인적 환경을 가지고 있다'는 것이다. 신경증의 정의는 매우 많지만 한 가지 특징으로서 '고립과 영광'이 있다. 사회적으로 고립되어 있으면서 혼자 우쭐해하는, 행복한 인간관계가 없는 사람들이 여기에 속한다.

지역 사회에서든 회사에서든 다양한 장소에서 많은 사람과 어울리는 사람은 행복하다. 물론 모든 사람과 원만하게 지낼 필요는 없다. 그런 사람은 오히려 심리적으로 문제가 있다고 볼 수 있다. 70~80%의 사람들과 원만하게 지낼 수 있다면 그것으로 충분하다.

지금 부모와 자녀의 마음이 맞아 행복하다면 10년 후에 자녀가

대학 입시에서 실패를 하든 합격을 하든 그들은 행복할 것이다. 지금도 10년 후에도 부모와 자녀의 관계는 같을 테니까. 따라서 약간 극단적으로 표현하자면, "지금은 고민이 있어서 불행하다."는 사람은 10년 후에도 불행할 가능성이 높다. 자신이 현재 느끼는 감정과 생활 방식이 행복과 불행에 큰 영향을 끼친다.

세 번째는 '자신에게 적절한 목적이 있는가' 하는 것이다. 흔히 목적을 달성할 수 있으면 '행복', 달성할 수 없으면 '불행'이라고 생각하기 쉽지만 그렇지 않다. 자신에게 적절한 목적이 있으면 어떤 목적을 달성하는 데 성공하든 실패하든 행복을 느낄 수 있다. 꿈을 가진 사람은 그 꿈이 실현되든 실현되지 않든 신경증적 경향은 보이지 않는다.

관점을 약간 바꾸어 설명해보자. 미국에서 도박 의존증 환자를 조사한 내용[45]이 있다. 사람은 도박에서 이기면 '행복', 지면 '불행'이라고 생각하기 쉽지만 도박 의존증 환자를 조사해보니 "Win or lose, you are unhappy.(이겨도 져도 불행이라고 느낀다.)"라는 조사 결과가 나왔다.

즉, 도박에 이겨서 "이겼다!"라며 기뻐한다면 아직 의존증이 아니라는 뜻이다. 그러나 도박 의존증에 걸리면 도박에서 이겨도 기쁘지 않다. 도박의 승패가 아니라 그 자체에 의존하기 때문이다.

또 자신의 바람이 이루어져도 "좀 더, 좀 더!" 하고 계속 욕심을 내는 사람은 불행한 사람이다. 그들은 마음의 충족을 모른다. 자신의 진정한 바람이 무엇인지 모른다. 판단 능력도 없다. 자신에게 무엇이 필요하고 무엇이 불필요한 것인지 모르기 때문에 불행한 것이다.

1억을 벌었다고 하자. 그러나 목표했던 1억을 벌어도 다음에는 5억을 원하게 되고, 그다음에는 더 나아가 10억을 원하게 된다. 그렇다고 10억을 벌면 만족할까? 아니다. 다시 욕심이 생겨 이번에는 50억을 벌고 싶어진다. 그리고 마지막에는 심리적 파탄에 이른다.

이것은 심리학적으로 이미 실증이 끝난 부분이다. 임상심리학자인 조지 웨인버그는 이렇게 말했다.

"인간의 행동은 배후에 존재하는 동기를 강화한다."

즉, 어떤 동기가 있어야 움직인다는 것이다. 예를 들면 열등감이 동기가 되어 어떤 행동을 할 경우, 배후에 있는 '열등감'이라는 동기가 강화된다. 열등감이 동기가 되어 노력을 하면 성공을 하든 실패를 하든 열등감이 더욱 강화되는 것이다. 그렇기 때문에 '부자가 되고 싶다'는 동기에서 열심히 일을 해서 성공을 거두고 큰 돈을 가지게 되어도 만족하지 못하고 더 큰 욕심을 내게 된다.

_____ 부당한 중요성이

_____ 사태를 악화시킨다

고대 그리스에 데모스테네스Demosthenes라는 유명한 웅변가가 있었다. 데모스테네스는 R 발음이 좋지 않았지만 열심히 노력해서 당대 최고의 웅변가가 되었다.

당시에는 웅변이 높은 평가를 받았는데 그런 시대에 당대 최고로 불리는 웅변가가 되었으니 따지고 보면 큰 성공을 이루었다고 말할 수 있다. '이 정도면 인류 역사상 보기 드물다'고 할 정도로 성공을 거둔 사람, '인간은 노력을 하면 무엇이든 할 수 있다'는 모범을 보인 사람이다.

하지만 그는 자살했다. 데모스테네스의 책을 읽으면 그는 열등감이 매우 심해서 다른 사람이 자신을 어떻게 보는지에 매우 예민하게 신경을 썼다는 사실을 알 수 있다. 그는 R 발음을 할 수 없다는 사실에 열등감이 있었다. 바꾸어 말하면 R 발음을 할 수 없다는 사실에 '부당한 중요성undue importance'을 부여한 것이다. "R 발음을 제대로 할 수 있느냐, 없느냐가 뭐가 중요한데?"라고 말하는 사람도 있겠지만 데모스테네스의 입장에서 그건 매우 중요한 문제였다.

부당한 중요성이란 다른 사람이 볼 때는 '그런 것에 그렇게까지 가치를 둘 필요는 없다'고 생각하는 부분에 중요성을 두고 스스로 얽매이는 것이다.

데모스테네스가 자살을 하게 된 도화선은 반反마케도니아 운동을 전개하면서 한 연설이었다. 그 연설은 관중들의 호응을 얻지 못했고, 그는 낙담하여 결국 스스로 목숨을 끊었다.

우리는 달성을 하면 '행복', 실패를 하면 '불행'이라고 생각하지만 데모스테네스의 이야기는 결코 그렇지 않다는 사실을 보여주는 좋은 예라는 생각이 든다. 결국 행복한가, 그렇지 않은가 하는 문제는 그 사람이 사물을 보는 견해나 사고방식에 달려 있다.

앞에서 소개한 코바사 박사의 조사 결과가 제시하듯 가족이나 일, 지역 사회와의 연관성을 소중하게 여기는 사람은 이기든지든 행복한 사람이다.

누구나 문제는 끌어안고 있다

_____ 문제가 있기 때문에
_____ 불행한 것이 아니다

'행복론'에는 두 가지 사고방식이 있다. 톱다운top down 이론과 바텀업bottom up 이론이다.

톱다운 이론은 "그 사람의 개인적 성격과 상황에 따라 행복과 불행이 정해진다."는 사고방식이고, 바텀업 이론은 "환경에 의해 행복과 불행이 정해진다."는 것이다.

예를 들어 급료가 오르거나 우연히 사둔 주식이 오르는 등의 좋은 일이 생기면 행복을 느낀다. 반대로 나쁜 일이 생기면 자신이 불행하다고 생각한다. 지금까지 소개한 조사 결과 등을 생각하더라도 인간은 톱다운 이론에 더 가깝다고 볼 수 있다.

최근 많은 기관이나 기업에서 우울증이 커다란 문제로 대두되어 나름대로 대책을 세우고 있다. 우울증을 '대기업 증후군'이라고 부르는 사람도 있을 정도다. 대기업은 고용 면에서 혜택이 많다. 갑자기 해고될 가능성은 거의 없다. 한편 공무원들 중에도 우울증 환자가 증가하고 있는데, 공무원 역시 해고될 가능성이 적다.

비정규직 사원으로 언제까지 일을 할 수 있을지 모르는 사람의 입장에서는 "고용이 안정되어 있고, 가족도 있고, 집도 있는

데 뭐가 힘들어서 우울증에 걸리는 거야?"라고 말할 것이다. 하지만 그들의 입장에서는 정말 힘이 든다. 이런 흥미로운 데이터도 있다.

"우울증에 걸리는 여성의 25%는 아무런 이유도 없이 우울증에 걸린다."[46]

여성이 우울증에 걸리는 원인으로는 실업, 이혼, 부모의 사망 등 다양한 사건이 있을 것이다. 그런 피할 수 없는 불행한 일들로 인해 우울증에 걸릴 수 있다.

조사해보니 아무런 이유도 없이 우울증에 걸리는 사람이 분명히 있었다. 하지만 본인의 입장에서는 이유가 있다. 조사를 한 입장에서 볼 때 '이유가 없다'는 것일 뿐 본인의 입장에서는 '이유가 있다'.

그러나 그 이유는 모두 '부당한 중요성'이다. 다른 사람의 입장에서 보면 '아무래도 상관없는 것'을 대단한 것으로 생각한다. 즉, 본인의 입장에서는 "우울증에 걸린 이유가 있다."라고 말하겠지만 외부에서 보면 아무런 이유도 없이 우울증에 걸렸다고 생각할 수밖에 없는 것들이다. 데이터는 여성 우울증 환자들 중 25%가 그렇다고 보여주고 있다. 역시 톱다운 이론이 더 맞다고 볼 수 있는 것이 아닐까?

불행한 사람에게는 공통점이 있다. 이들의 삶의 주제는 '불평'이며, 문제를 해결할 의지가 전혀 없다. 이들의 인생이 즐겁지 않은 이유는 문제를 해결할 의지가 없기 때문이다. 나는 편지나 상담, '전화 인생 상담'이라는 라디오 프로그램을 통하여 고민에 빠져 불행하다고 생각하는 사람들을 40년 이상 상담해왔다. 그들 대부분은 정말로 문제를 해결하려는 의지가 없다.

그러나 삶의 보람은 작은 것들이 축적되어 이루어진다. 사람은 이 세상에 태어난 이상 누구나 문제를 끌어안고 산다. 아무런 문제도 없는 사람은 없다. 겉으로 보기에는 아무 문제가 없는 것처럼 보이는 사람에게도 다양한 문제가 있다. 그 하나하나의 문제를 해결하고 이겨내는 과정을 통하여 인생의 의미가 만들어진다.

문제가 있기 때문에 불행한 것이 아니다. 불행을 해결하고 이겨내는 과정을 통해 삶의 의미가 만들어지는 것이다. 하지만 문제를 해결할 의지가 없이 단지 불평만 늘어놓는다면 당연히 인생의 의미는 만들 수 없다.

_____ 나는 그런 사람이
_____ 아니다

앞에서 소개한 데이비드 시버리는 미국 전역을 빠짐없이 돌아다니면서 불행한 사람의 이야기를 듣고 그 공통성을 조사했다. 코바사 박사가 위기를 의욕으로 전환한 경영자들을 조사했다면, 시버리는 반대로 전국의 불행한 사람들을 조사했다.

그가 만난 불행한 사람들의 공통점은 아래의 '한 마디'를 할 수 없었다는 것이다.

"I am not like that.(나는 그런 사람이 아니다.)"

예를 들면 백조는 아름다운 목소리로 노래하지 못한다. 만약 아름다운 목소리로 노래하기를 기대한다면 나이팅게일을 키워야 한다. 그러나 백조는 아름답기 때문에, 백조를 보면 모두 아름다운 목소리로 노래하기를 기대한다.

불행은 이 백조가 사람들의 기대에 맞추려 할 때 일어난다. 사람들이 아름다운 목소리로 노래하기를 기대할 때 "나는 백조이기 때문에 아름다운 노래는 부를 수 없어요."라고 말하지 못하고 나이팅게일이 되려고 노력한다. 이것이 '불행한 사람'의 공통점이라고 시버리는 지적한다.

"아니, 죄송하지만 저는 백조입니다. 아름다운 목소리로 노래하기를 기대한다면 나이팅게일에게 요청하십시오."

불행한 사람은 이 한 마디를 하지 못해 진정한 자신을 희생해서 다른 사람들의 기대에 부응하려고 노력하는 것이다.

시버리의 이 이야기에서 《이솝 우화》의 〈토끼와 거북이〉 이야기가 떠올랐다. 토끼와 거북이가 달리기경주를 해서 거북이가 이겼다는 이야기다. 나는 이 이야기에 문제가 있다고 생각한다. 거북이는 처음부터 토끼와 달리기경주를 할 필요가 없었다. 거북이는 주로 물속에서 생활하는 동물이고 토끼는 육지에서 생활하는 동물이다. 그들이 육지에서 달리기경주를 할 필요가 전혀 없는 것이다.

일본 동요 〈토끼와 거북이〉도 이상하다.

"세상에서 너처럼 걸음이 느린 동물은 없을 거야. 왜 그렇게 느릴까?"

이런 가사인데, 쓸데없는 걱정이다. 세상에는 이런 식으로 쓸데없이 걱정하는 사람들이 정말 많다. 신경증에 걸리는 사람은 이런 말을 듣고 "야, 토끼야. 지금 뭐라고 했어? 그럼 나하고 달리기경주 한번 해볼래?" 하며 토끼의 꾐에 빠져든다. 그런 말을 듣더라도 "나는 거북이니까 당연한 거야."라고 말하면 고민을 할 이유가 없다.

사실은 거북이에게 "너는 왜 그렇게 걸음이 느리니?"라고 말하는 토끼에게 문제가 있다. 거북이를 찾아와 핀잔을 주는 토끼는 동료들에게 제대로 평가를 받지 못하고 있는 토끼다. 자신의 분야에서 만족스럽게 생활하고 있다면 다른 분야에 종사하는 사람을 향해 "너는 왜 그렇게 걸음이 느리니?"라는 말은 하지 않는다. 토끼 사회에서 인정을 받지 못하는 토끼가 거북이를 찾아와 이런 말을 하는 것이다.

또 거북이 역시 마찬가지로 자신의 아이덴티티가 확립되어 있다면 "너는 왜 그렇게 걸음이 느리니?"라는 말을 듣고 "쓸데없는 걱정! 그냥 내버려두세요."라고 무시하거나 "그럼 너는 수영을 잘하니?"라고 물을 것이다. 그러나 거북이가 욕구불만 상태이기 때문에 "그럼 나하고 달리기경주 한번 해볼래?"라고 말하는 것이다.

번아웃 증후군에 걸리는 사람은 욕구불만 상태의 거북이에 해당한다. 이들은 "나는 거북이입니다.", "나는 그런 사람이 아닙니다."라고 말하지 못한다. 즉, 시버리와 프로이덴버거의 말은 일치한다.

매슬로는 자기실현을 이룬 사람의 특징적 사고방식은 '그럼에도 불구하고in spite of'에 있다고 말한다. 즉, '나는 마음에 이런 기분 나쁜 감정이 있다. 그럼에도 불구하고 나는 행복하다.'라는 생각이다.

자기실현을 이룬 사람은 다른 사람에게 좋게 보이기 위한 행동을 하는 것이 아니라 자신이 하고 싶은 일, 해야 할 일을 할 뿐이다. '나의 적성은 이것이다.'라는 마음으로 하기 때문에 실패를 하건 성공을 하건 심리적으로는 마찬가지다. 결과가 어떻든지 행복한 것이다.

사물을 긍정적으로 대하면 고통은 줄어든다

_____ 납득하면 중노동도

_____ 힘들지 않다

마지막으로 다루고 싶은 내용은 '사실에 대한 반응은 사람에 따라 얼마나 다른가' 하는 것이다. 이것을 위해 두 가지 조사 결과를 소개해보겠다.

하나는 미국 교도소에서의 조사 결과다. 교도소 안에서는 수용자들에게 다양한 노동을 시킨다. 중노동도 있고 그다지 신체를 사용하지 않는 노동도 있다. 이 노동의 강도와 수용자의 불만에 어떤 관계가 있는지를 조사한 것이다.

그 결과, 노동의 강도와 수용자의 불만은 큰 관계가 없다는 사실이 밝혀졌다. 같은 노동을 한다고 똑같이 힘들어하는 것은 아니었다.

"죄수가 교도소의 일에 대해 느끼는 주관적 만족과 고통의 정도 사이에는 약간의 상관관계가 있을 뿐이다. 하지만 고통의 정도와 과거 또는 미래에 관계되는 요인 사이에는 뚜렷한 관계가 있었다. (중략) 정당하게 복역해야 하는 시간 이상으로 장기간 복역하고 있다는 느낌과 고통의 정도 사이에는 뚜렷한 관계가 존재했다."[47]

힘든 노동을 해도 순순히 받아들이는 수용자가 있고, 가벼운 노동을 해도 큰 불만을 느끼는 수용자가 있다. 다시 말하면, 납득할 수 있는 노동에는 불만을 느끼지 않지만 본인이 납득하지 못하는 경우에는 아무리 사소한 노동이라 해도 불만을 느낀다는 것이다. 노동뿐만이 아니다. 무슨 일이든 납득을 하는가, 납득하지 못하는가에 따라 고통의 정도는 다르다. 수술을 받을 때도 그 수술을 납득하는가, 납득하지 못하는가에 따라 부담감에 커다란 차이가 있다.

"이런 수술은 의미가 없는 것 아닐까?" 하는 의문을 가지고 수술을 받는 경우에는 그 수술이 심리적으로 커다란 부담을 준다. 하지만 납득하고 있는 경우에는 심리적 부담이 줄어든다. 같은 수술을 얼마나 부담스럽게 느끼는가 하는 문제는 수술의 중요도가 아니라 수술을 받는 사람이 어디까지 납득하고 있는가에 따라 정해진다.

세금도 납득을 하면 많다는 느낌이 들지 않는다. 하지만 납득하지 못하면 적은 세금도 큰 부담으로 느껴진다.

질병과 행복은 관계가 있다. 그러나 그것은 어디까지나 그 사람이 느끼는 건강과 행복에 관한 기준에 의해 정해진다.[48] 의사가 건강하다고 말한다고 해서 행복해지는 것이 아니다. 신경증에 걸려 있는 사람은 의사가 아무리 건강하다고 말해도 '나는 건강하지 않다.'고 생각한다.

임신부 중에도 임신한 것을 매우 불안하게 느끼는 사람과 행복하게 느끼는 사람이 있다. 이 차이는 '어디에 관심을 두고 있는가'에 있다. 불안을 느끼는 사람은 '아이가 생기면 앞으로 경제적으로 힘들어질 거야.'라는 생각만 하기 때문에 아이를 얻는 기쁨을 느낄 수 없다.

이렇게 임신을 해도 아이가 태어난다는 희망으로 눈을 돌리는 사람이 있고, 아이가 태어나면 여러 가지 부담이 증가한다는 생각만 하는 사람이 있다. 그래서 앞에서 소개한 데이비드 시버리는 "자신의 관심이 지금 어느 쪽으로 향해 있는지에 주의를 기울여야 한다."라고 말하고 있다.

_____ 사실이 아니라 해석이
_____ 사람을 고민하게 만든다

　두 번째는 앞에서 소개한 하버드대학교의 엘렌 랭거 교수가
보스턴에 있는 노인 관련 시설에서 실시한 조사다. 고령이 되어
서도 활기가 넘치는 사람이 있고 그렇지 않은 사람이 있다. 랭
거는 그런 차이가 발생하는 이유가 무엇인지 조사했다.
　조사에 들어가기 전, 랭거는 다음과 같은 가설을 세웠다.
　"어린 시절부터 줄곧 할아버지, 할머니와 생활한 사람은 고령
자가 되어서도 활기가 넘친다. 따라서 간병을 하는 사람이 힘들
지 않다. 그러나 어린 시절에 할아버지, 할머니와 함께 살지 않
다가 열세 살 정도부터 고령자와 함께 살기 시작한 사람은 고
령자가 되면 불평을 늘어놓거나 활기를 잃어버린다."
　그가 이런 가설을 세운 이유는 어린 시절에는 부모가 위대해
보이며, 할아버지와 할머니는 그 위에 존재하는 분들이기 때문
에 고령자는 존경해야 하는 대상으로 포착한다는 데 있다.
　하지만 중학생 등 자의식이 매우 강하면서 아직 인생은 제대
로 알지 못하는 시기에 우연히 고령자와 함께 생활하게 되면 고
령자를 나약한 사람으로 포착한다. 짐을 들어도 자신이 훨씬
더 무거운 것을 들 수 있다. 길을 걸어도 자신이 훨씬 빨리 걸을

수 있다. 무슨 일을 해도 자신이 더 낫기 때문에 고령자를 존경하지 않는다. 그렇기 때문에 이런 가설을 세웠던 것인데, 실제로 조사를 해보자 결과는 예상대로였다.

즉, 고령자를 존경하는 사람, 바꾸어 말하면 늙음을 긍정적으로 해석하는 사람은 자신이 고령자가 되어서도 결코 자기 멸시를 하지 않는다. 그와 반대로 자기 존경을 한다. 그래서 활기가 넘친다. 하지만 반항기에 접어들었을 때 고령자를 경험하기 시작한 사람은 고령자가 되면 자신이 나약하다고 생각했던 사람이 되어버렸기 때문에 자기 멸시를 한다. 그래서 기분이 나쁘고 활기도 없다.

결국 인간에게 영향을 끼치는 것은 '사실'이 아니라 사실에 대한 '해석'이다. 활기가 있는가, 없는가를 결정하는 것은 고령자가 되었다는 사실이 아니라 늙음을 긍정적으로 해석하는가, 부정적으로 해석하는가 하는 것이다.

질병도 마찬가지다. 누구나 질병을 싫어한다. 당연히 건강한 삶을 원한다. 하지만 '질병'과 '병고'는 다르다. 사소한 병에 걸려서도 삶과 죽음을 거론하며 소란을 피우는 사람이 있고, 꽤 중병에 걸려서도 태연히 받아들이는 사람이 있다.

그 사람이 얼마나 고통스러운가 하는 것은 성격에 따라 확연히 달라진다. 질병 그 자체 때문에 고민하는 것 이상으로 질병에 의해 발생하는 부수적인 문제 때문에 더 고민하는 사람이 있다. '만약 병에 걸리지 않았다면 이런 일을 할 수 있었을 텐데…'라며 자신의 현재 상태를 한심하게 생각하는 사람은 반드시 초조해한다. 생각대로 회복되지 않는 자신의 몸을 원망한다. 그러나 '오히려 병에 걸리기를 잘했어. 이 기회에 충분히 휴식을 취하자. 이건 휴식을 취하라는 신호야.'라는 식으로 생각하고 회복을 운에 맡기는 사람도 있다. 같은 질병이라도 사람에 따라 느끼는 고통은 전혀 달라지는 것이다.

고민의 원인을 확대해석하지 않는다

_____ 낙관적 해석을 하는가,
_____ 비관적 해석을 하는가

같은 사항이라도 '비관적 해석을 하는 사람'과 '낙관적 해석을 하는 사람'이 있다. 그 차이는 어디에 있는지 예를 들어보자.

어느 해 4월, 비참한 사건이 발생했다. 광고 대행사의 신입 사원이 전철이 달리는 선로에 뛰어들어 사망했다. 원인을 조사해보니, 그 회사는 신입 사원 연수의 일환으로 '광고를 받아오라'고 신입 사원을 영업 현장에 내보냈는데, 그는 광고를 전혀 따내지 못했고 그것을 비관하여 자살했다는 사실을 알 수 있었다. 그러나 다른 신입 사원들도 그와 마찬가지로 영업 현장에 나갔다가 광고를 따낼 수 없었지만 그들은 스스로를 비관하지는 않았다.

그렇다면 어떤 점이 다른 것일까? 이것은 자신에게 바람직하지 않은 일이 발생했을 때 그 원인을 '자신의 내부에서 찾는가', '자신의 외부에서 찾는가'의 차이다. 이는 낙관적 해석을 하는 사람인가, 비관적 해석을 하는 사람인가를 구분하는 지표 중의 하나다.

자살을 한 남성은 원인을 자신의 내부에서 찾았다. 마침 그는 일기를 남겼는데, 거기에는 "나는 화술이 부족하기 때문에 도저히 광고를 따낼 수 없다."라는 글이 씌어 있었다. 광고를 따낼 수 없다는 사실을 자신의 화술로 연결시켜버린 것이다.

비관적 해석을 하는 사람은 바람직하지 않은 일이 발생했을 때, 그것을 자신의 약점과 연결 지어 생각하기 쉽다. 그러나 본인이 약점이라고 생각하는 것이 실제로 약점인지는 또 다른 이야기다.

《이솝 우화》에 사슴 이야기가 있다. 사슴은 호수에 비친 자신의 모습을 보고 "뿔은 정말 멋지지만 다리가 너무 가늘어. 나는 다리가 왜 이렇게 가늘까? 이 뿔처럼 멋진 모습이면 좋을 텐데." 하고 말했다. 사슴이 이렇게 자신의 뿔을 자랑스럽게 생각하면서 다리에 불만을 느끼고 한숨을 쉬고 있을 때 초원 저편에서 사자의 모습이 보였다. 사슴은 있는 힘을 다해 도망을 쳤다. 그리고 사자에게 거의 잡히기 직전, 숲속으로 뛰어들어가 "아, 이제 사자에게서 벗어났어."라고 안도했는데, 그토록 자랑스럽게 생각했던 뿔이 나무에 걸려 결국 잡아먹혀버렸다.

이야기를 보면 알 수 있듯이, 본인이 장점이라고 생각하는 것이 반드시 장점이 아닌 경우도 있고, 약점이라고 생각하는 것이 반드시 약점이 아닌 경우도 있다.

비관적 해석을 하는 사람은 증거도 없이 결론을 이끌어내는

데, 그 결론은 대부분 '큰 도움이 되지 않는' 소극적인 것이다. 반면, 낙관적 해석을 하는 사람은 바람직하지 않은 일이 생기는 것은 '우연'이거나 외적인 요인 때문이라고 생각한다.

_____ 역경은

_____ 지나가게 되어 있다

낙관적 해석을 하는 사람인가, 비관적 해석을 하는 사람인가를 구분하는 지표를 한 가지 더 소개하자면, 바람직하지 않은 사건을 일으킨 원인을 '지속적인 것이라고 생각하는가', '일시적인 것이라고 생각하는가' 하는 것이다.

예를 들어, 인사 이동에서 자신이 바라는 부서로 이동할 수 없었을 때 '다음에도 또 이런 식일 거야.'라고 생각하는 사람이 비관적인 사람이다. 낙관적인 사람은 '이번에는 이런 결과가 나왔지만 다음에는 원하는 부서로 옮겨갈 수도 있어.'라고 생각한다. 앞에서 설명한 '행복한 사람'의 특성과 일치한다.

한 정신병원에서 있었던 가슴 아픈 사례가 있다.

"한 환자가 '절망적인 병동'으로 알려진 병동에 입원해 있었다. 그런데 그 병동을 보수 공사해야 해서 일반 병동으로 잠시 옮겨지게 되었다. 그 병동에 있는 동안 그 환자의 건강은 꽤 좋아졌다. 하지만 보수 공사가 끝나고 원래 있던 절망적인 병동으로 돌아오자 그 환자는 얼마 지나지 않아 세상을 떠났다. 특별한 사인은 없었다."[49]

이것은 '아, 역시 가망이 없어.'라는 생각은 마음에 매우 나쁜

영향을 끼치며, 반대로 희망을 가지면 좋은 영향을 준다는 사실을 단적으로 보여주는 사례. 지속적인 것이라고 생각하는가, 일시적인 것이라고 생각하는가에 따라 큰 차이가 발생한다.

자살하는 사람의 특성은 무엇일까? 어떤 그룹의 회원들에게 각각 묘목을 주었다고 하자. 그들 모두가 열매를 얻을 수 없었다. 자살하는 사람은 '지금 열매가 열리지 않으면 내년에도 열리지 않을 거야.'라고 생각하고 자기만 열매가 열리지 않는 묘목을 받았다고 원망한다.

지금이 얼마나 견디기 어려운가 하는 것은 현재 발생하고 있는 곤란한 문제에 의해서만 결정되는 것은 아니다. 그 사람이 가지고 있는 미래에 대한 전망에 의해서도 결정된다. 그렇기 때문에 밝은 전망을 가진 사람은 곤란한 상황에 좌절하지 않고 초조해하지 않는다. 무기력해지지도 않는다. 곤란할 때에도 마음의 평정을 잃지 않는다.

그러나 미래에 관하여 어두운 전망을 가지고 있는 사람은 작은 곤란에도 좌절하고 초조해하며 무기력해진다. 그 사람이 가지고 있는 미래에 대한 전망이 그 사람의 인내력과 활력에 큰 영향을 끼치는 것이다.

_____ 확대해석은
_____ 불행의 원천이다

　낙관적 해석을 하는 사람인가, 비관적 해석을 하는 사람인가를 구분하는 지표는 한 가지가 더 있다. '확대해석을 하는가', '한정해석을 하는가'이다.

　낙관적인 사람과 비관적인 사람은 자신의 고민을 어느 범위까지 넓혀서 생각하는지가 다르다. 당면한 문제를 모든 것에 중첩시켜 생각하는 것이 '확대해석'이며, 상황을 한정해서 생각하는 것이 '한정해석'이다.

　앞에서 소개한 광고 대행사 신입 사원 이야기를 예로 들면 광고를 따낼 수 없었다는 이유에서 '나는 이 회사에서 일을 할 수 없어.'라는 생각까지 범위를 확대했다. 낙관적인 사람은 이와 달리 사건을 한정 지어 생각한다. '광고를 따낼 수 없었어. 하지만 그건 우연히 광고를 낼 생각이 없는 회사를 찾아갔기 때문일 수도 있어.', '광고를 따낼 수 없었던 건 내 복장에 문제가 있었기 때문인지도 몰라. 그리고 내가 만난 상대가 다른 사람이었다면 광고를 따낼 수 있었을지도 몰라.'라고 한정을 짓는다.

　어느 강연회에서 강연을 했는데 반응이 좋지 않았다고 하자. 낙관적인 사람이라면 '이런 주제는 오늘 강연을 들으러 온 사람들에게는 어울리지 않았던 것인지도 몰라.'라고 생각한다. 하지만 비관적인 사람은 '오늘 강연회에서 반응을 얻지 못했어. 나는 강연에 재능이 없는 거야. 그래, 이 직업은 내게 어울리지 않아. 앞으로는 어떻게 살아야 하지?' 하고 점차 확대해나간다. 상황을 확대해서 생각하는가 한정 지어 생각하는가에 따라 상당한 차이가 발생하는 것이다.

심리학자인 마틴 셀리그먼Martin Seligman은 쥐를 이용한 실험을 통해 어느 장면에서 학습된 절망감이나 무력감은 다른 장면으로 이전된다는 사실을 증명했다.

"대처 불가능성에 의해 발생하는 절망적인 심리 상태는 반응을 일으키려 하는 의욕을 전반적으로 저하시킨다."[50]

"대처가 불가능하다는 생각은 다른 생각으로 대처하려 하는 자발적 반응이 환기되는 힘을 저하시켰다."[51]

"자신의 능력으로는 이 웅덩이는 뛰어넘을 수 없다."라는 사실이 학습된 동물에게 다른 행동을 시켜본다. 예를 들어 나무에 오르게 하는 것이다. 그 경우, 그 동물은 나무에 오르는 것 역시할 수 없다고 생각하여 시도조차 하지 않는다. 이것이 확대해석이다. 셀리그먼의 말을 인용한다면 부정적인 인지가 자리 잡는 것이다.[52]

사람도 확대해서 생각하기 쉽다. 그러나 확대해석은, 뜀틀을 넘지 못하는 것뿐인데 '나는 비석치기도 할 수 없어. 수영도 할 수 없어.'라고 생각하는 것과 같다. 대학원에서 전혀 실력이 향상되지 못했던 사람이 정계로 들어가 재능을 발휘할 수도 있다. 하지만 묘하게도 어떤 장면에서 학습된 절망감은 다른 장면으로 이전된다.

확대해석을 하는 사람은 어떤 실패를 하면 그 원인을 개별적이고 구체적인 것에서 찾지 않는다. 자신의 대인 관계가 원만하게 이루어지지 않는 이유는 '내 복장이 어둡기 때문이야.', '다른 사람의 제안에 무조건 반대하기 때문이야.', '내 말투가 거칠어서야.', '늘 다른 사람의 험담을 하기 때문이야.', '무의식적으로 적대감을 보이기 때문이야.', '인사는 하지만 그 인사에 진심이 담겨 있지 않아서야.'라는 식으로 생각하지 않는다. 모두 '내가 소심하기 때문이야.'라는 식으로 해석해버린다.

확대해석이 비관적인 이유는 생각을 할 여지가 없기 때문이다. 잘못된 원인을 개별적, 구체적으로 들여다보면 생각을 할 여지가 있다. '다음에 사람을 만날 때는 이런 식으로 해보면 좋은 결과를 얻을지도 몰라.'라는 식이다. 그러나 확대해석을 하면 그런 생각을 하기가 어렵다.

앞에서 소개한 광고 대행사 신입 사원은 모든 것을 '화술이 부족하기 때문'이라고 연결 지어버렸다. 말하는 기술이 부족하더라도 성실하게 보이는 사람은 얼마든지 있다. 채용 면접에서 '화술은 부족하지만 성실해 보인다.'라고 생각하면 회사는 그 사람을 채용하지 않을까? 화술이 부족하기 때문에 쓸모없는 사람이라고 생각한다면 분명히 문제다.

이론적으로 마치 물이 흐르듯 유창한 화술을 갖추고 있는 사람도 있지만 그런 사람이 모두 성공하는 것은 아니다. 말하기 기술은 부족하더라도 '성실한' 사람은 인간관계도 좋다. 그러나 비관적인 사람은 그렇게 해석하지 않는다. 무슨 일이 있을 때마다 자신이 약점이라고 생각하는 부분과 연결 지어버린다.

단, 일반적으로 보면 시간이 지남에 따라 '그럴 수도 있지.'라는 식으로 점차 확대해석에서 한정해석으로 바뀌어간다. '그러고 보니 그때는 내가 이런 식으로 행동했기 때문에 상대방에게 내 뜻이 제대로 전달되지 않았던 것 같아.'라고 생각할 수 있게 된다.

_____ 비관적인 사고방식이

_____ 능력을 저하시킨다

다른 사람에게 말을 걸었는데 상대방이 냉정한 태도를 보여 당황한 경험은 누구나 있을 것이다. 이처럼 바람직하게 진행되지 않은 인간관계에 대해서는 어떤 해석들이 있는지 미시건대학교 교수인 크리스토퍼 피터슨Christopher Peterson 박사 등의 논문[53]에 근거하여 설명해보겠다.

첫 번째는 외적·일시적 해석이다. 한정해석을 하면 "나는 의지할 데가 없었다."가 되지만, 확대해석을 하면 "사람은 때로 그런 식으로 행동하는 것이다."가 된다. 확대해석이 되면 '그는'이 아니라 '사람은'이 된다.

두 번째는 외적·지속적 해석이다. 한정해석을 한다면 "나는 친밀한 교제가 서투른 사람이다."가 되는데, 확대해석을 하면 "사람이라는 존재는 누군가와 깊은 관련을 가지려 하면 여러 가지 문제가 발생한다."가 된다.

세 번째는 내적·일시적 해석이다. 한정해석을 하면 "그는 나와의 대화를 시큰둥하게 생각했다."가 되고, 확대해석을 하면 "나는 때로 사람을 시큰둥하게 만든다."가 된다.

네 번째는 내적·지속적 해석이다. 한정해석을 하면 "나는 그에게 매력적인 사람이 아니다."가 되고, 확대해석을 하면 "나는 매력이 없는 사람이다."가 된다.

외적·일시적 한정해석은 보다 낙천적이고, 내적·지속적 확대해석은 보다 비관적이다. "나는 의지할 데가 없었다."라는 해석에서 "나는 매력적인 사람이 아니다."라는 해석으로까지 큰 차이를 보이는 것이다. "나는 친밀한 교제가 서투른 사람이다.", "나는 커뮤니케이션 능력이 부족하다."라고 고민하는 사람은 많이 있는데, 해석 자체가 낙천적으로 바뀌면 그런 문제도 자연스럽게 해결된다.

한편 오해하지 말아야 할 부분이 있다. 무턱대고 '낙천주의가 좋다'는 말은 아니라는 것이다. 세상에는 "좀 더 당신의 책임을 느껴야 한다."라는 말을 들을 정도로 무책임한 사람이 있다. 따라서 항상 자신을 되돌아보는 자세를 갖추어야 한다.

중요한 것은 '노력하는 낙관주의자'다.

"차가운 물에 넣은 쥐는 40시간에서 60시간 정도까지 특별한 고통 없이 계속 헤엄을 친다. 하지만 물에 갑자기 넣는 것이 아니라 저항을 포기할 때까지 억압했다가 물에 넣었더니 다른 반응을 보였다. 그 쥐는 헤엄칠 생각을 포기하고 얼마 지나지 않아 익사했다."[54]

쥐가 저항을 멈춘 순간은 '아, 모든 게 끝났어.'라고 생각한 순간이다. 그 순간에 물에 넣자 희망과 의욕을 보이지 않은 것이다. 쥐는 몇 시간이나 헤엄을 칠 수 있는 능력을 갖추고 있음에도 불구하고 30분도 지나지 않아 포기해버린다. 충분한 능력이 있는데 '나는 쓸모없는 인간이야.'라고 생각한 순간, 능력은 현저하게 떨어진다. 절망감이 얼마나 무서운 것인지를 알 수 있다.

우리는 '능력이 있다'거나 '능력이 없다'는 것을 큰 문제로 삼지만, 그보다 더 중요한 것은 '낙관적인가', '비관적인가'이다. 자신이 쓸모없는 인간이라고 생각하면 능력은 현저하게 떨어져버린다.

'나의 노력은 아무런 의미가 없어.', '나의 노력으로는 아무것도 해결할 수 없어.', '나의 능력은 효과적이지 않아.'라고 포기하는 식으로 비관적으로 생각하면 능력을 발휘할 수 없다. 낙관적으로 생각하고 노력을 지속해야 하는 이유가 여기에 있다.

_____ 왜곡된 인지 방식을 바꾸면
_____ 역경에 강해진다

　자신에게는 능력이 없다고 생각하기 때문에 능력이 떨어진다. 현재의 역경에 나약한 태도를 보이는 사람은 자신이 역경에 약한 사람이라는 사실을 고민해보아야 한다. 역경에 약한 사람은 역경에 약한 사람이 될 수밖에 없는 과거가 있고, 그 때문에 역경에 약한 사람이 된 것이다.

　예를 들어 어린 시절에 권위주의적인 부모 밑에서 자란 사람이 있다고 하자. 그런 사람은 어린 시절, "내 능력으로는 아무것도 할 수 없어."라는 체험을 했다. 그 체험이 그 이후에 충분히 대처가 가능한 상황도 대처할 수 없다고 인지하게 만든 것인지도 모른다. 어린 시절 부모와의 관계가 역경에 약한 사람이 된 원천인지도 모른다.

　자신이 현재 역경에 약한 사람이라고 생각한다면 그 원천을 찾아보고 그렇게 살아온 행동 양식을 확인해보아야 한다. 그것이 역경에 강한 사람으로 바뀔 수 있는 출발점이다.

　마틴 셀리그먼은 "인간의 학습성 절망감에서도 이런 패배 인지가 자리 잡는다는 사실을 발견했다.[55]"고 한다. 패배 인지가 자리 잡는다는 말은 원래 부정적 인지가 자리 잡는다는 의미인데, 나는 이것을 '패배 인지의 구속', 또는 '자기부정적 인지의 구속'이라고 부른다. 즉, 자신의 인지 방식이 자유롭지 않고 올바르지 않다는 것이다. 본인은 깨닫지 못하지만 자기부정적으로 사물을 인지하도록 구속되어 있다.

역경에 약한 사람은 이런 자기부정적 인지에 구속되어 있을 뿐이다. 따라서 사물을 인지하는 자신의 방식이 얼마나 왜곡되어 있는지 먼저 깨달아야 한다. 그것을 깨달으면 세상은 변한다.

수잔 코바사가 말한 '위기를 뛰어넘는 경영자'들도 만약 어린 시절에 권위주의적인 부모와 자녀 관계에서 "내 능력으로는 아무것도 할 수 없어."라는 컨트롤이 불가능한 상황을 체험했다면 위기에 약한 경영자가 되었을지도 모른다. 역경에 부딪혔을 때 자신이 컨트롤할 수 있다는 마음의 자세를 갖출 수 없었을지도 모른다. 충분히 컨트롤할 수 있는 상태인데도 말이다.

"대처 불가능성은 대처에 대한 인지를 왜곡해버린다."[56]

위기를 뛰어넘는 경영자는 어린 시절부터 사물을 인지하는 방식이 왜곡되어 있지 않았을 뿐이다. 따라서 역경에 약한 사람도 자신의 왜곡된 인지 방식을 바꾸면 얼마든지 역경에 강한 사람이 될 수 있다.

마치고 나서

오리슨 스웨트 마든Orison Swett Marden이라는 미국 작가의 책을 읽어보니 다음과 같은 이야기가 실려 있었다.

지금부터 약 150년 전, 리옹에서 열린 만찬회에서 그리스 신화와 역사를 소재로 삼은 회화의 해석을 둘러싸고 토론이 벌어졌다. 토론이 열기를 띤 것을 본 집주인은 급사 한 명을 향해 그 그림에 대해 설명하라고 말했다.

급사는 그 그림의 주제에 관하여 간명하게 설명을 했는데, 그 내용이 매우 이해하기 쉽고 설득력이 있어서 토론은 즉시 막을 내리게 되었다. 그 자리에 있던 사람들은 깜짝 놀랐다.

"어느 학교에서 공부했습니까?"

한 사람이 급사에게 정중하게 물었다.

"여러 학교에서 공부했습니다."

그리고 급사는 말을 이었다.

"하지만 제가 가장 오랫동안 가장 많은 것을 배운 것은 '역경'이라는 학교입니다."

그는 빈곤으로부터 많은 것을 배운 사람이었다. 그 급사가 바로 장 자크 루소Jean Jacques Rousseau였다. 그는 훗날 저작을 통하여 프랑스에서도 걸출한 천재로 불렸으며 그 명성이 유럽 전역에 알려지게 되었다.

이상이 마든의 책에 실려 있는 이야기다.[57]

그러나 루소가 '역경이라는 학교'라고 대답했다고 해서 역경 그 자체가 항상 사람에게 무엇인가를 가르쳐주는 것은 아니다. 학교를 다녀도 아무것도 배운 것이 없는 사람이 존재하는 것과 마찬가지다.

역경이라는 상황에서 '이 역경을 통해 나를 단련시킨다.'라고 생각한 사람은 그로부터 무엇인가를 배우고 역경 속에서 성장한다. '이 역경이 내게 무엇을 가르쳐주고 있는 것일까?' 하고 생각하는 사람은 언젠가 기회를 붙잡는다. 그러나 역경에 놓였다고 해서 불만을 품는 사람은 아무리 많은 시간이 흘러도 기회를 잡지 못한다.

'이 역경을 뛰어넘으면 그 너머에는 멋진 인생이 기다린다.'라고 꿈을 버리지 않은 사람이 기회를 붙잡을 수 있다. 역경은 하나의 문화다.

'이것밖에 없다'고 생각하기 때문에 그것에 집착한다. 무엇인가에 집착하고 있으면 운이 찾아오지 않는데도 사람들은 현재의 직책이나 직함에 집착한다. 집착을 하면 불안감이 높아진다. 운도 찾아오지 않는다.

변화는 두렵기 마련이다. 하지만 현재의 곤란한 상황을 뛰어넘어 새로운 변화를 일으키면 변화는 중요한 것이라는 사실을 깨달을 수 있다. 변화하지 않으면 원하는 곳으로 갈 수 없다. 변화를 두려워하면 파도를 탈 수 없다.

고귀한 생명을 부여받고 이 세상에 태어난 이상, 행복을 거머쥘 수 있는 새로운 인생을 개척하자. 변화는 그렇게 두려운 것이 아니라는 사실을 깨달았을 때 불운은 행운으로 바뀐다. 당신의 눈앞에 행운이 기다리고 있다.

운이 따르지 않는 사람은 현재 해결해야 할 것으로부터 도망치는 사람이다. 운이 따라오는 사람은 변화가 있을 때, 최악의 사태를 상상하고 각오를 다질 수 있는 사람이다. 각오를 하기 때문에 마음이 편하다. 그리고 망설이지 않기 때문에 능력을 발휘할 수 있다.

사람은 생산성을 가지고 있다. 변화가 두려운 사람은 자신을 소중히 여기면서 살아갈 수 없다. '지금이 편하니까 이게 좋아.'라는 생각에 사로잡혀 있다. 그러나 변화를 받아들이고 현재를 확실하고 올바르게 살면 운은 반드시 따르게 된다.

살아가는 것은 다양한 체험을 하는 것이다. 산다는 것은 늘 같은 위치에 머물러 있지 않는 것이다. 지금 당신이 역경에 놓였다고 불평을 하고 있었다면 잠시 불평을 중단하자. 불평을 한다

고 운이 좋아지지는 않는다. 이 상황이 행운으로 가는 단계라고
생각하고 힘이 들더라도 새로운 예정표를 만들고 노력해보자.

이 책이 나오도록 여러모로 애써주신 다이와쇼보大和書房의 미
나미 아키라南曉 부회장과 편집부의 미와三輪謙郎 씨에게 감사의
말씀을 드린다.

가토 다이조

미
주

01. Regina O'Connell Higgins, *Psychological Resilience and the Capacity for Intimacy: How the Wounded Might,* ProQuest Dissertations and Theses; ProQuest pg. n/a, 1985, p.93.

02. Aaron T. Beck, *Depression*, University of Pennsylvania Press, 1967.

03. Regina O'Connell Higgins, ibid., p.93.

04. Regina O'Connell Higgins, ibid., p.XII.

05. David Seabury, *How to Worry Successfully*, Blue Ribbon Books: New York, 1936.

——— 加藤諦三 譯, 《心の悩みがとれる(마음의 고민을 없앤다)》, 三笠書房, 1983, p.205.

06. Ibid., p.210.

07. George Weinberg, *Self Creation*, St. Martin's Co.: New York, 1978.

——— 加藤諦三 譯,《自己創造の原則(자기 창조의 원칙)》, 三笠書房, 1984, pp.113-116.

08. David Seabury, *How to Worry Successfully*, Blue Ribbon Books: New York, 1936.

——— 加藤諦三 譯,《心の悩みがとれる》, 三笠書房, 1983, p.211.

09. Ibid., p.203.

10. Ibid., p.210.

11. Ibid., p.212.

12. G. J. Manaster, *Alfred Adler, As We Remember Him*, North American Society of Adlerian Psychology: Chicago, 1977.

——— 內邦博他 譯,《アドラーの思い出(아들러의 추억)》, 創元社, 2007, p.60.

13. David Seabury, *How to Worry Successfully*, Blue Ribbon Books: New

York, 1936.

──── 加藤諦三 譯,《心の悩みがとれる》, 三笠書房, 1983, p.205.

14. ibid., p.211.

15. Victor E. Frankl, *Das Menschenbild der Seelenheilkunde*, Hippokrates-Verl, 1959.

──── 宮本忠雄, 小田晉 譯,《精神醫學的人間像(정신의학적 인간상)》, フランクル著作集(프랭클 저작집), みすず書房, 1961, p.59.

16. Victor E. Frankl, *Theorie und Therapie der Neurosen*, 1956.

──── 霜山德爾 譯,《神經症(신경증) II》, フランクル著作集, みすず書房, 1961, p.40.

17. Victor E. Frankl, *Das Menschenbild der Seelenheilkunde*, Hippokrates-Verl, 1959.

──── 宮本忠雄, 小田晉 譯,《精神醫學的人間像》, フランクル著作集, みすず書房, 1961, p.59.

18. Gina O'Connell Higgins, *Resilient Adults*, Jossey-Bass Publishers, 1994, p.17.

19. Hubertus Tellenbach, *MELANCHOLIE*, Springe-Verlag, 1961.

──── 木村敏 譯,《メランコリー(멜랑콜리)》, みすず書房, 1978, p.41.

20. Robert B. Cialdini, *Influence:Science and Practice. 4th ed*, Allyn & Bacon.

──── 社會行動研究會 譯,《影響力の武器(영향력의 무기)》, 誠信書房, 2007, p.189.

21. Regina O'Connell Higgins, *Psychological Resilience and the Capacity for Intimacy: How the Wounded Might*, ProQuest Dissertations and Theses; ProQuest pg. n/a, 1985, p.39.

22. Regina O'Connell Higgins, ibid., p.XIII.

23. Regina O'Connell Higgins, ibid., p.XV.

24. Regina O'Connell Higgins, ibid., p.XII.

25. David Seabury, *Stop Being Afraid,* Science of Mind Publications, Los Angeles, 1965.

———— 加藤諦三 譯,《問題は解決できる(문제는 해결할 수 있다)》, 三笠書房, 1984, p.157.

26. Denis E. Waitley, *The Psychology of Winning*, Berkley Books, 1979.

———— 加藤諦三 譯,《成功の心理學(성공의 심리학)》, ダイヤモンド社, 1986, p.27.

27. Hebert N. Casson, *Thirteen Tips on Luck*, B.C. Forbes Publishing Co.: New York, 1929.

28. Regina O'Connell Higgins, *Psychological Resilience and the Capacity for Intimacy: How the Wounded Might*, ProQuest Dissertations and Theses; ProQuest pg. n/a, 1985, p.93.

29. Regina O'Connell Higgins, ibid., p.77.

30. Marlane Miller, *Brainstyles*, Simon & Schuster, Inc., 1997.

———— 加藤諦三 譯,《ブレーン スタイル(브레인 스타일)》, 講談社, 1998, p.75.

31. Regina O'Connell Higgins, *Psychological Resilience and the Capacity for Intimacy: How the Wounded Might*, ProQuest Dissertations and Theses; 1985; ProQuest pg. n/a, p.72.

32. Regina O'Connell Higgins, *Resilient Adults*, Jossey-Bass Publishers, 1994, p.XI.

33. Regina O'Connell Higgins, ibid., p.XII.

34. Regina O'Connell Higgins, ibid., p.XIII.

35. Regina O'Connell Higgins, ibid., p.XIII.

36. Regina O'Connell Higgins, *Psychological Resilience and the Capacity for Intimacy: How the Wounded Might*, ProQuest Dissertations and Theses; ProQuest pg. n/a, 1985.

37. Kenneth Pelletier, Ph.D., *Between Mind and Body. Stress, Emotions, And Health.*, Mind/Body Medicine, Consumer Union, 1993.

38. Redford B. Willams, *Hostility and the Heart*, Mind/Body Medicine, Consumer Union, 1993.

39. Alan Loy McGinnis, *Bringing out the Best in People*, Augsburg Publishing House, 1985.

——— 加藤諦三 譯, 《ベストを引き出す(베스트를 이끌어낸다)》, 1987, pp.94-95.

40. George Weinberg, *Self Creation*, St. Martin's Co.: New York, 1978.

——— 加藤諦三 譯, 《自己創造の原則》, 三笠書房, 1978, p.158.

41. George Wharton James, *The Indian's Secrets of Health: or, What the White race may Learn from the Indian*, p.222.

42. Wtadystow Tatarkiewicz, *Analysis of Happiness*.

——— 加藤諦三 譯, 《こう考えると生きることが嬉しくなる(이렇게 생각하면 삶이 즐거워진다)》, 三笠書房, 1991, p.104.

43. Ellen J. Langer, *Mindfulness*, Da Capo Press, 1989.

——— 加藤諦三 譯, 《こころのとらわれにサヨナラする心理學(마음의 얽매임에 이별을 고하는 심리학)》, PHP研究所, 2009, p.93-94.

44. Michel Argyle, *The Psychology of Happiness*, Methuen & Co. LTD: London & New York, 1987.

45. Mary Heineman, *Losing Your Shirt*, Hazelden, 1992, 2001.

46. Michel Argyle, *The Psychology of Happiness*, Methuen & Co. LTD: London & New York, 1987, p.119.

47. Kurt Lewin, *Resolving Social Conflicts*.

──── 末長俊郎 譯,《社會的葛藤の解決(사회적 갈등의 해결)》, 東京創元社, 1954, p.139.

48. Bruno S. Frey, Alois Stutzer, *happiness & economics*, Princeton University Press, p.56.

49. Ellen J. Langer, *Mindfulness*, Da Capo Press, 1989.

──── 加藤諦三 譯,《こころのとらわれにサヨナラする心理學》, PHP研究所, 2009, pp.96-97.

50. Martin Seligman, *Helplesness*, W.H.Freeman and Company, 1975.

──── 平井久・木村駿一 譯・監修,《うつ病の行動學(우울증의 행동학)》, 誠信書房, 1985, p.34.

51. Ibid., p.35.

52. Martin Seligman, *Helplesness*, W. H. Freeman and Company, 1975.

53. Christopher Peterson, Ph.D., and Lisa M. Bossio, *Healthy Atitudes: Optimisn, Hope, and Control, Mind/Body Medicine*, Consumer Union, 1993.

54. Ellen J. Langer, *Mindfulness*, Da Capo Press, 1989.

──── 加藤諦三 譯,《こころのとらわれにサヨナラする心理學》, PHP 研究所, 2009, p.96.

55. Martin Seligman, *Helplesness*, W. H. Freeman and Company, 1975. p.35.

56. Martin Seligman, *Helplesness*, W. H. Freeman and Company, 1975.

——— 平井久·木村駿一 譯·監修,《うつ病の行動學(우울증의 행동학)》, 誠信書
房, 1985, p.35.

57. 加藤諦三,《すべての出來事をチャンスに變える心理學(모든 사건을 찬스로
바꾸는 심리학)》, 三笠書房, 1999, pp.41-42.

역경에 약한 사람, 역경에 강한 사람

초판 1쇄 인쇄 2019년 6월 26일 | 초판 1쇄 발행 2019년 6월 28일

지은이 가토 다이조
옮긴이 이정환
펴낸이 한순 이희섭
펴낸곳 (주)도서출판 나무생각
편집 양미애 백모란
디자인 박민선
마케팅 이재석 한현정

출판등록 1999년 8월 19일 제1999-000112호
주소 서울특별시 마포구 월드컵로 70-4(서교동) 1F
전화 02)334-3339, 3308, 3361
팩스 02)334-3318
이메일 tree3339@hanmail.net
홈페이지 www.namubook.co.kr
트위터 @namubook

ISBN 979-11-6218-062-4 03180

값은 뒤표지에 있습니다. 잘못된 책은 바꿔 드립니다.

이 도서의 국립중앙도서관 출판예정도서목록(CIP)은 서지정보유통지원시스템 홈페이지
(http://seoji.nl.go.kr)와 국가자료공동목록시스템(http://www.nl.go.kr/kolisnet)에서
이용하실 수 있습니다.(CIP제어번호: CIP2019022190)